# Sprachspiele für Kinder

Herausgegeben von Waltraut Singer
Illustrationen von Cornelia Funke

Ravensburger Buchverlag

Bibliografische Information Der Deutschen Bibliothek

Die Deutsche Bibliothek verzeichnet diese Publikation
in der Deutschen Nationalbibliografie;
detaillierte bibliografische Daten sind im Internet
über **http://dnb.ddb.de** abrufbar.

Die Schreibweise entspricht den Regeln
der neuen Rechtschreibung.

4 3 2 1 08 07 06 05


Otto Maier GmbH
Postfach 18 60
88188 Ravensburg

Illustrationen: Cornelia Funke
Umschlagfoto: Larry Williams/CORBIS
Umschlaggestaltung: Dirk Lieb
Redaktion: Susanne Wahl

Printed in Germany

ISBN 3-473-37950-6

www.ravensburger.de

# Inhaltsverzeichnis

ANFAN
G

# Vorwort

## Sprache vielfältig erleben

Dieses Buch ist für Eltern und Erzieherinnen gedacht, die das Sprachvermögen von Kindern spielerisch und mit Spaß fördern wollen. Im Mittelpunkt unserer Sammlung stehen Spielanregungen zum unkonventionellen Umgang mit der Sprache, zur Förderung der intellektuellen und sprachlichen Entwicklung der Kinder.

Immer wieder fasziniert uns das Wunder des Sprechenlernens beim Kind. Zunächst gibt das Baby nur einzelne Laute von sich – zwei Jahre später spricht das Kind schon munter alles nach, was es nur hört. Mit drei Jahren verfügt es bereits über einen beachtlichen Wortschatz, mit dem es unbefangen umgeht und sich gut verständigen kann. Täglich kommen neue Wörter hinzu, oft in atemberaubender Geschwindigkeit.

Das Kind lernt seine Muttersprache vor allem in der Kommunikation mit Erwachsenen und anderen Kindern im familiären Umfeld. In Familien, in denen der Bildkonsum die sprachliche Kommunikation nicht verdrängt, in denen viel über Erlebtes und Beobachtetes gesprochen wird, Märchen, Geschichten und

Bilderbuchtexte vorgelesen werden, das gemeinsame Spielen und Singen zum täglichen Leben gehören – dort kommt die intellektuelle und sprachliche Entwicklung der Kinder schneller und leichter voran.
Unsere Spielanregungen, Reime, Rätsel und Rategeschichten sind zum Vorlesen und Zuhören gedacht, der Erwachsene soll dabei Vermittler sein. Vor allem wollen wir das gemeinsame Spiel mit den Kindern, ihr Mitsprechen, Raten und Singen und damit das Beschäftigen mit Sprache und Literatur fördern. Mehrmals in der Woche nur zehn Minuten gemeinsam etwas erzählen, vorlesen, raten und spielen – schon nach kurzer Zeit wird man das Interesse der Kinder an diesen Beschäftigungen spüren und die Fortschritte in ihrer sprachlichen Entwicklung entdecken.

Lange bevor ein Kind sprechen lernt, spielt es mit Lauten und erprobt so seine Sprechorgane. Noch ehe es Wörter oder gar den Sinn von Wörtern erfasst, lauscht es auf ihren Klang, ahmt die Laute, sogar den Tonfall ganzer Sätze nach. Dabei nimmt es bereits unbewusst den Rhythmus und die Sprachmelodie seiner Muttersprache auf.
Schon früher haben die Menschen erkannt, dass gesungene oder rhythmisch gesprochene Reime mit klangvollen, immer wiederkehrenden Lauten und Wörtern dem kleinen Kind Vergnügen bereiten und es zu eigenen Äußerungen anregen. So wurden Kinderreime aller Art wie Kniereiter, Wiegenlieder, Kosereime, Fingerspiele, Spiel- und Tanzliedchen zu ersten Sprachspielen und tragen seither zur sprachlichen Entwicklung von Kindern bei. Sie sind zugleich die früheste Begegnung des Kindes mit der Volkspoesie.
Spielerisches Aneignen und fröhlicher Umgang mit der Sprache regt die Kinder nicht nur zum Sprechen an, sondern erleichtert ihnen das begriffliche Erfassen von Wortbedeutungen, sprach-

lichen Zusammenhängen und Bezügen zu ihrer erlebten Wirklichkeit.
Wir wollen mit diesem Buch dazu beitragen, Kinder mit Reimen, Rätseln und vielfältigen Sprachspielereien zum selbstbestimmten, spaßbetonten Lernen zu motivieren. Kinder lieben ungewöhnliche Wortverbindungen, seltsam klingende Wörter, Wortverdrehungen, unsinnige Reime und Verwirrgeschichten. Manchmal erfinden sie sogar „Geheimsprachen" und spielen auf diese Weise mit der Sprache und ihrem Wortschatz. Vor allem haben sie Freude an dem mit diesen Spielen verbundenen Witz und Humor.

## Umkehrverse, Lügengeschichten und Wortspielereien

Die Sammlung beginnt mit lustigen Versen, mit Wortverdrehungen und Inhalten, die eine absichtliche Abkehr von der Realität darstellen. Kinder fühlen sich sehr hingezogen zu dieser „verkehrten Welt", in der *„eine Kuh im Schwalbennest sitzt"* oder einer *„im vorigen Handschuh seinen Herbst verlor"*.
Woher kommt diese in vielen uns überlieferten Kinderreimen ausgedrückte Leidenschaft der Kinder für das Spiel „Verkehrte Welt"? Warum lieben es Kinder, immer wieder ganz bewusst etwas umzukehren, Verbindungen zwischen Gegenständen und ihren Merkmalen, zwischen Tieren und ihren Eigenschaften zu trennen? Den Schlüssel hierfür finden wir wiederum im Spiel. Wenn Kinder erste sichere Kenntnisse von Gegenständen, Tieren und deren Eigenschaften, von Vorgängen in ihrer Umwelt haben und einen entsprechenden Wortschatz besitzen, reizt es sie, damit zu spielen. Absichtlich lassen sie im Spiel oder beim Erzählen die „Katze bellen und den Hund miauen", und sie amüsieren sich köstlich, wenn ein anderer sich darüber wundert.

Zum Verständnis und zum Erfinden von **Umkehrversen** oder poesievollen **Lügengeschichten** – was besonders reizvoll ist – benötigen die Kinder sichere Kenntnisse des wahren Sachverhaltes. Die in den Versen, Gedichten oder Geschichten dargestellten verdrehten Inhalte werden dann auch als solche empfunden.
Die Kinder glauben keinen Augenblick an die Richtigkeit eines Verses wie:

*„Dunkel war's, der Mond schien helle,*
*Schnee lag auf der grünen Flur,*
*als ein Wagen blitzeschnelle*
*langsam um die Ecke fuhr ...“*

Sie finden es aber lustig, die Welt in dieser Weise einmal umgekehrt zu sehen, weil das ihre Fantasie anregt und sie auffordert, das Falsche gedanklich richtig zu stellen.
Einerseits sind es amüsante, intelligente Spiele; andererseits gilt es, die Fähigkeit zum Erkennen des richtigen Sachverhaltes immer wieder unter Beweis zu stellen.

Nicht alle Sprachspiele eignen sich für die Kleinsten in der Familie, doch gerade sie wollen immer beschäftigt sein. Deshalb bieten wir in unserer Sammlung einige **Malspiele** mit Reimen an, die man bereits mit Dreijährigen spielen kann. Sie prägen sich schnell ein, fördern die Freude am Reimen und Mitsprechen, sind lustig und auch spannend. Ein „Schnellzeichner“ benötigt nur Papier und Stifte oder Tafel und Kreide. Die Erwachsenen oder größere Kinder können für die Kleinen die lustigen Verse nachgestalten, so können sie diese bald mitsprechen.
Mit unserer Zusammenstellung unterstützen wir die Freude der Kinder an ungewöhnlichen Wörtern, seltsam klingenden Namen, Wortverdrehungen und Zählversen.

Im **Abzählreim** erkennen wir die Freude am Spiel mit Lauten und Lautkombinationen wieder, wie zum Beispiel:

*„Ene mene ming mang,*
*kling klang,*
*ose pose packe dich,*
*eia weia weg."*

Das Spiel mit Lauten und Silben im Abzählreim wird hierbei für das Ermitteln des Fängers bei einem Fangspiel, das Bestimmen des ersten Spielers bei einem Hüpfspiel u. Ä. sehr praktisch genutzt. Je ausgiebiger das Auszählen erfolgt, je kühner die verwendeten Laut- und Wortkombinationen dabei sind, desto größer werden die Spannung und der Spaß beim Warten auf den Namen des Fängers und den Spielbeginn.

Wer kennt nicht Schnellsprechverse, die so genannten **„Zungenbrecher"**, die Kindern und Erwachsenen gleichermaßen Vergnügen bereiten? Beim Hören und Nachsprechen werden Sprachwahrnehmungen und Sprechfertigkeit der Kinder geübt.
Die Verse von der *„Pippaponsenfamilie"* oder den *„Schackschawwerack-Söhnen"* verlangen ebenfalls viel Zungenakrobatik und sind auch recht anspruchsvolle Gedächtnisleistungen. Die Sprechfertigkeit wird in Schnellsprechversen oft auf die Spitze getrieben. Phonetisch bewusstes Aufnehmen und gut artikuliertes Nachsprechen mehrerer gleich klingender Wörter – die aber dennoch nicht gleich sind – und ganzer Wortketten mit gleichen Anlauten werden verlangt.
Man muss schon aufmerksam zuhören und beim Nachsprechen sehr geschickt sein bei folgendem Vers:

*„Zwischen zwei Zwetschgenzweigen*
*zwitscherten zwei Schwalben."*

Meist sind es lustige Wortzusammenstellungen; daher prägen sie sich leicht ein. Die Kinder wollen sie auch schnell erlernen, um

sie anderen als Aufgabe stellen und miteinander wetteifern zu können. Das macht besonderen Spaß, zumal wenn sich auch Erwachsene daran beteiligen.
Wir wählten auch einige überlieferte Reime aus, in denen das Aufzählen, das Aneinanderreihen von einfachen Handlungen und Vorgängen mit immer gleichen oder ähnlichen Wörtern geschieht. Aufzählverse erleichtern Kindern das Einprägen von Reimen, denn eines ergibt sich aus dem anderen. Diese Form des Erzählens, des Weiterspinnens von Endloshandlungen spielt im sprachlichen Austausch zwischen Kindern eine große Rolle. Wir sehen Zungenbrecher daher auch als Sprachspiele an, die man mit ihnen pflegen sollte.
All diese Reime und Sprachspielereien sind komisch, machen Spaß und vermitteln dem Kind viel Sinn für Humor.

## Raten und Scherzen

Von jeher üben **Rätsel** einen großen intellektuellen Reiz aus, auf Kinder und auf Erwachsene gleichermaßen. Rätsel sind poetische Umschreibungen alltäglicher Dinge. Dabei werden oft bildhafte Vergleiche verwendet, die manchmal durch Mehrdeutigkeiten verschlüsselt sind. Wer ein Rätsel aufgibt, der weiß zunächst mehr als andere; wer es lösen kann, beweist, dass er ebenso klug und pfiffig ist.
Mit den in unserer Sammlung angebotenen Rätselreimen wecken wir bei Kindern die Neugier auf die in den kleinen Texten „verschlüsselten“ Gegenstände, Personen, Vorgänge, Tiere oder Pflanzen. Beim „Entschlüsseln“ müssen die Kinder all ihr Wissen, ihr Vorstellungsvermögen und vor allem viel Fantasie einsetzen. Rätselraten erfordert aufmerksames Zuhören. Jedes Wort ist ja von Bedeutung! Man muss mehrere Merkmale eines Rätsels auf-

nehmen und sich merken können, Dinge an ihren Eigenschaften erkennen, poetische Vergleiche und Zweitbedeutungen von Begriffen verstehen. Vorschulkinder können daher nur solche Rätsel lösen, die eindeutige Angaben über den zu erratenden Gegenstand enthalten. Je mehr konkrete Merkmale genannt werden, desto leichter können sie das Rätsel lösen.
Beginnen könnte man mit einfachen Ratespielen wie:

*„Wer fängt die Maus mit einem Satze,*
*das ist unsre liebe …“ (Katze)*

Diese Rätsel mit offenem Endreim erleichtern die Lösung und die Kontrolle, ob richtig geraten wurde, denn die Antwort muss sich ja reimen.
Am günstigsten ist es, ein Rätsel zu stellen, wenn die Kinder den verrätselten Gegenstand sehen. Das Rätsel *„Wer geht alle Tage aus und bleibt doch in seinem Haus?“* wird lösbar, wenn es beim Beobachten einer Schnecke gestellt wird.

**Scherzfragen** gehören zu den anspruchsvollen Ratespielen, da oft sinnverwandte, bedeutungsähnliche Wörter (Synonyme) verwendet werden. Kinder können Scherzfragen nur lösen, wenn sie wissen, dass Wörter mehrere Bedeutungen haben können und diese auch kennen. Manchmal müssen sie etwas ganz wörtlich nehmen, andererseits kann aber auch – wie im folgenden Beispiel – mit dem gleichen Wort sowohl ein Gegenstand als auch ein Tier gemeint sein:

*„Welche Hähne krähen nicht?“ (Wasserhähne)*

Neben gründlichem Nachdenken sind Humor und auch Pfiffigkeit gefragt, vor allem wenn in der Frage bereits die Antwort liegt:

*„Welcher Stuhl hat keine Beine?“ (Fahrstuhl)*

*„Wie heißt die Mausefalle mit fünf Buchstaben?“ (Katze)*

Sind Kinder im Rätselraten schon sehr geübt, kann man ihnen auch einmal ein schweres Rätsel stellen, an dem sie eine Weile –

sogar mehrere Tage – knobeln; dies regt ihr Denken an und fordert ihren Ehrgeiz heraus.
Unser Spielangebot wird abgerundet mit Anregungen zum Singen von Scherzliedern mit eingebauten kleinen Sprachhindernissen – z. B. müssen Silben oder ganze Wörter ausgelassen werden. Sie tragen besonders zur fröhlichen Stimmung beim Spielen und Rätseln in der Familie oder Kindergruppe bei.

## Schreibspiele und Sprachspiele

**Schreibspiele** gehören zu den beliebten „Pausenspielen" und Freizeitspielen der Schulkinder. Wohl jedes Kind kennt einige und misst sich dabei gern mit anderen. Schreibspiele haben immer etwas mit der Sprache zu tun. Sie sind spielerischer Umgang mit Buchstaben, Lauten, Wörtern und Sätzen.
ABC-Reime behält man oft sein Leben lang im Gedächtnis und lernt damit die Buchstabenfolge. Das Erfinden neuer Wörter oder Wortketten, wie *„Ananasbananensaft"* spielen auch Kinder begeistert mit, die sich sonst nicht besonders gern mit dem Lesen oder Schreiben beschäftigen. Bei Schreib- und Sprachspielen festigen sich der sichere Umgang mit Buchstaben und auch die Orthografie der Kinder einfach durch das spielerische Anwenden des in der Schule Gelernten.
Spiele wie *„Faltmännchen"* oder *„Anzeigenspiel"* geben Gelegenheit zu lustigen Satzverbindungen, bei denen viel gelacht werden kann. Kommen Kinder bald zur Schule oder sind sie in der ersten Klasse, mögen sie Spiele wie *„Wörterfangen"*, *„Mutter, darf ich verreisen?"* oder solche Spiele, in denen sie Reimwörter suchen und Wörter ergänzen müssen. Alle diese Spiele erweitern den Wortschatz der Kinder, schulen das Heraushören von Lauten und Silben, das Gefühl für Silbentrennung, lange bevor sie dies in der

Schule lernen. Besonderen Spieleifer, Ehrgeiz und Ausdauer entfalten Schulkinder bei Spielen, in denen Wissen und schnelles Reagieren gefordert sind, wie zum Beispiel bei *„Stadt – Land – Name“*, *„Teekesselraten“* oder bei Wortkettenspielen und Liederraten. Bei manchen Spielen kann auch ein Pfand eingelöst werden, was für Überraschungen und Stimmung sorgt.

Allen, die sich mit den „Sprachspielen“ beschäftigen, auch den lesehungrigen Kindern, die sich ja selbst Spiele heraussuchen können, wünsche ich viel Spaß!

Waltraut Singer

# Lustige Verse und gereimte Geschichten

# Umkehrverse und Lügengeschichten

## Lügenmärchen

Eine Kuh, die saß im Schwalbennest
mit sieben jungen Ziegen,
die feierten ihr Jubelfest
und fingen an zu fliegen.
Der Esel zog Pantoffeln an,
ist übers Haus geflogen,
und wenn das nicht die Wahrheit ist,
so ist es doch gelogen.

GUSTAV FALKE

# Es fliegen zehn Ziegen

Es fliegen zehn Ziegen mit Schlittschuhen zum See.
Neun Kater, die rodeln auf Wolken – juchhe!
Acht Frösche erbauen aus Flocken ein Haus
für sieben Kamele, den Mond und die Maus.
Sechs Enten, sie frieren trotz Hüten und Schuh'.
Fünf tanzenden Schneefrauen schauen sie zu.
Vier Spatzen, die warten auf Kekse und Tee.
Es fegen drei Hasen den glitzernden Schnee.
Zwei Hühner behängen die Weihnachtstann'.
Ein Küken bringt ihnen der Weihnachtsmann.

Ulf Borgmann

# Hier stimmt was nicht

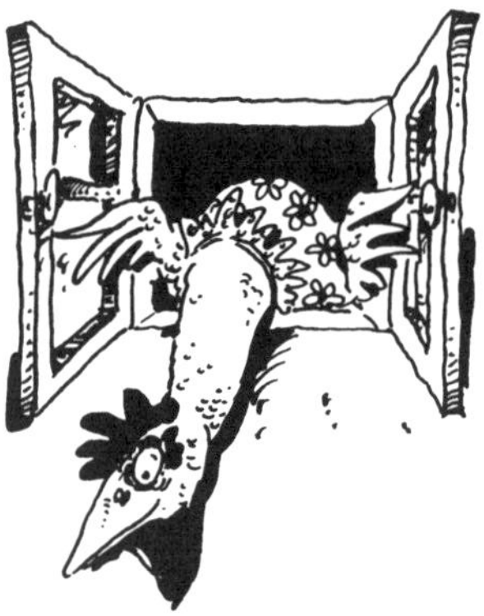

Auf einem alten Bauernhof,
da ist die Welt verkehrt.
Die Kuh sitzt im Kaninchenstall
die Eier legt das Pferd.

Die Gans steckt in dem Mauseloch.
Die Tante wird gemolken.
Das Schaf kräht laut sein Kikriki,
betrachtet sich die Wolken.

Kaninchen schwimmen auf dem Teich.
Die Enten grunzen mächtig.
Der Hahn nagt an dem fetten Speck
und piepst: „Ja, das schmeckt prächtig!“

Der Wagen wird jetzt angespannt.
Zwei Schweine stehn davor.
Ein Mäuschen hält die Zügel fest
und wackelt mit dem Ohr.

Die Henne guckt zum Fenster raus.
Der Hund füttert die Tauben.
Der Bauer schmort im Suppentopf.
Wer soll denn das bloß glauben?

Erika Schirmer

## Des Abends, wenn ich früh aufsteh

Des Abends, wenn ich früh aufsteh,
des Morgens, wenn ich zu Bette geh,
dann krähen die Hühner, dann gackert der Hahn,
dann fängt das Korn zu dreschen an.

Die Magd, die steckt den Ofen ins Feuer,
die Frau, die schlägt drei Suppen in die Eier,
der Knecht, der kehrt mit der Stube den Besen,
da sitzen die Erbsen, die Kinder zu lesen.

Oh weh, wie sind mir die Stiefel geschwollen,
dass sie nicht in die Beine 'nein wollen!
Nimm drei Pfund Stiefel und schmiere das Fett,
dann stelle mir vor die Stiefel das Bett.

## Vorigen Handschuh verlor ich meinen Herbst

Vorigen Handschuh verlor ich meinen Herbst,
da ging ich ihn finden, bis ich ihn suchte.
Da kam ich an eine Guckte und schluchte hinein.
Da saßen drei Stühle auf drei großen Herren,
da nahm ich meinen guten Tag und sagte:
Guten Hut, meine Herren,
da bringe ich drei Paar Strümpfe
auf drei Pfund Garn,
sie sollten morgen fertig werden,
dass ich sie heut noch anziehen kann.

## Dunkel war's

Dunkel war's, der Mond schien helle,
Schnee lag auf der grünen Flur,
als ein Wagen blitzeschnelle
langsam um die Ecke fuhr.

Drinnen saßen stehend Leute,
schweigend ins Gespräch vertieft,
als ein totgeschossner Hase
auf der Sandbank Schlittschuh lief.

Und ein blond gelockter Jüngling
mit kohlrabenschwarzem Haar
saß auf einer blauen Kiste,
die rot angestrichen war.

## Verkehrte Welt

Wie geht's in der verkehrten Welt?
Da wird der Tisch auf den Teller gestellt,
der Hahn legt die Eier, die Henne kräht,
der Garten wird in die Blumen gesät.
Da wäscht der Strumpf das Mädchen rein,
an den Hühnern wärmt sich der Sonnenschein,
das Nest sich auf die Tauben setzt,
und das Schaf wird auf den Hund gehetzt.

# Die Katze wäscht den Omnibus

Die Katze wäscht den Omnibus.
Die Mutter wäscht den Wind.
Der Fahrer wäscht das Kätzchen.
Der Regen wäscht das Kind.

Nanu, nanu,
wie geht das zu?
Wahrhaftig, nein,
das kann nicht sein.

Da glaubt im Leben
keiner dran.
Ich fang noch mal
von vorne an:

Der Regen wäscht das Kätzchen.
Der Fahrer wäscht den Wind.
Die Mutter wäscht den Omnibus.
Die Katze wäscht das Kind.

Ach was, ach was,
wie stimmt denn das?
Es ist zu dumm:
verkehrt herum.
Das ist der reine Unsinn, Mann.
Ich fang noch mal von vorne an:

Die Katze wäscht das Kätzchen.
Der Regen wäscht den Wind.
Der Fahrer wäscht den Omnibus.
Die Mutter wäscht das Kind.

Sieh da, sieh da,
so passt es ja,
so passt es fein.
So muss es sein.
Nun kann die Seife
zur Mutter greifen
und dem Kind mit dem Ohr
den Schwamm
abseifen.

PETER HACKS

# Plitsch-Platsch-Quatsch

Was macht der Weihnachtsmann im Mai?
Er liegt vergnügt als Nackedei
auf Schmusewolke Nummer drei
und nimmt bei neunundneunzig Grad
ein Sonnenbad.

Was macht im Sommer Frau Holle?
Sie wickelt die bunte Wolle.
Wenn alle schwitzen,
strickt sie warme Mützen.
Dann sieht man sie sitzen
und – Schneeflocken schnitzen.

Was macht die kleine Grille?
Sie putzt ihre neue Brille.
Sie konnte schlecht sehen,
da ist es geschehen:
Sie grillte keine Würste,
sondern eine Scheuerbürste!

Erika Schirmer

# Onkel Kullermann

Kennt ihr schon Onkel Kullermann,
der leider schlecht verstehen kann?
Was man sagt, das dreht er um,
hört mal zu, ihr lacht euch krumm!

„Onkel Kullermann, guten Morgen!"
*„Wie, du musst dir etwas borgen?"*

„Nein, ich meine, wie es geht!"
*„Wo das kleine Töpfchen steht?"*

„Hast du heut schon was gegessen?"
*„Wie, was soll die Katze fressen?"*

„Hier ist etwas Kraut im Topf!"
*„Eine Braut mit einem Zopf?"*

„Schnell, ich lauf und bringe Eier!"
*„Eine Henne hat Frau Meier?"*

„Sage mir, was soll ich holen?"
*„Wie, noch einen Eimer Kohlen?"*

„Lieber Onkel, ich mach Feuer!"
*„Draußen steht ein Ungeheuer?"*

„Grünes Holz, das wird nicht taugen!"
*„Es hat geschrien und grüne Augen?"*

„Du hörst schlecht, und ich muss gehen!"
*„Komm bald zurück! Auf Wiedersehen!"*

Eva Hinze

## Igel Tino

Igel Tino ging ins Kino.
Die anderen Gäste
beschwerten sich feste:
Er stach die Qualle
genau in die Galle.
Er pikste das Schwein
direkt ins Bein.
Er stichelte dem Floh
in den Po – oh!
Das war gewiss nicht schön.
Da schämte sich der Igel sehr.
Drum flitzte er rasch zum Frisör
und ließ sich Löckchen drehn!

Erika Schirmer

## Wo ist der Storch?

Seit gestern ist er nicht mehr da,
es flog der Storch
nach Afrika.
Nun plappern,
schlappern,
klappern lange
der Storch und die
Frau Klapperschlange.

Erika Schirmer

# Giraffe Länglich

Giraffe Länglich
beklagte sich bänglich:
„Wenn es feste stürmt und windet,
jeder einen Schal umbindet.
Ich armes Tier!
Wer hilft mir?“
Da ruft der Peter:
„Lass dein Gezeter!
Hier bring ich dir
zweihundert Meter.
Der Schal reicht weit
und weit
und weiter.“
Doch wo ist eine Leiter?

Erika Schirmer

## Dicki Nicki

Dicki Nicki, ach du Güte,
naschte von der Samentüte.
Da wuchs ihm im Gesicht
ein Bart Vergissmeinnicht.
Da wuchsen ihm aus seinem Haar
drei Stiefmütterchen wunderbar.
Da wuchs ihm Gras
aus seiner Nas.
Da wuchs ihm aus der Hose
eine rote Kletterrose,
drin hüpften blaue Meisen,
die sangen süße Weisen.
Und hinten, na, ihr wisst schon wo,
da duftete nach einem Weilchen
ein allerliebstes Veilchen.

Alfred Könner

## Es wuchs einem Mann sein Bart

Es wuchs einem Mann
sein Bart bis zum Knie.
Er kämmte ihn selten
und wusch ihn nie.
Doch gestern wurde
sein Bart ihm zu laut,
da hatte ein Vogel
sein Nest drin gebaut.

Erni Simmich

## Krokodil hat sich erdreist

Das Krokodil
findet am Nil
keinen Platz, sich auszuruhn.
Ach, was soll das Tierchen tun?
Die Wasserasseln
wolln mit ihm quasseln.
Die Wasserwanzen
wolln mit ihm tanzen.
Es wolln alle Muscheln
sich zärtlich ankuscheln.
Das Krokodil hat sich entschlossen
und unverdrossen
ziemlich dreist
alle verspeist.

Erika Schirmer

## Es waren mal neun Schneider

Es waren mal neun Schneider,
die hielten einen Schmaus,
sie zehrten alle neune
von einer gebratenen Laus.

Und als sie sie bezwungen,
da waren sie satt und froh,
da schliefen sie alle neune
auf einem Hälmchen Stroh.

Und wie sie noch so schliefen,
da raschelt eine Maus,
da liefen sie alle neune
zum Schlüsselloch hinaus.

Und als sie draußen waren,
vor Schreck alle weg,
da fielen sie alle neune
in einen Gänsedreck.

Und was ein rechter Schneider ist,
muss wiegen sieben Pfund,
und wenn er das nicht wiegen tut,
dann ist er nicht gesund.

# Eine seltsame Kaffeegesellschaft

Die Witwe Frau von Gänseschwein,
die lud sich die Gesellschaft ein,
die neulich auf dem Forsthaus war
bei einem Kaffee wunderbar.
Es sitzen da an einem Tisch:
Herr Fischent und Frau Entenfisch,
Herr Hahnenhund, Frau Schnauzerhuhn,
die wollen sich recht gütlich tun,
dazu kommt noch Frau Schlangenspatz
mit ihrem Freund Herrn Ratzenkatz.
Sie trinken viele Tassen leer,
es schmeckt der gute Kuchen sehr.
Dann lecken sie die Teller rein
und putzen sich die Mäuler fein,
sie grüßen sich und sagen:
Auf Wiedersehn in acht Tagen!

Heinrich Hoffmann

## Was fressen die Tiere?

Der Hase frisst die Rübe,
die Katze eine Maus,
der Dackel frisst den Knochen,
der Vogel pickt die Körner auf.

„Geh, Susanne, lauf geschwind,
weil alle Tiere hungrig sind."

Der Hase einen Knochen?
Der Vogel eine Maus?
Der Dackel eine Rübe?
Die Katze leckt die Körner auf?

„Nein, Susannchen, nein,
niemals kann das sein."

Dem Hasen schmeckt kein Knochen,
dem Sperling keine Maus,
dem Dackel keine Rübe,
die Katze reißt vor Körnern aus.

„Überleg und sage dann,
was jeder wirklich fressen kann."

Dem Hasen eine Rübe,
der Katze eine Maus,
dem Dackel einen Knochen,
dem Vogel streu ich Körner aus.

Hilde Retter

Zeichenspaß
mit Reimen

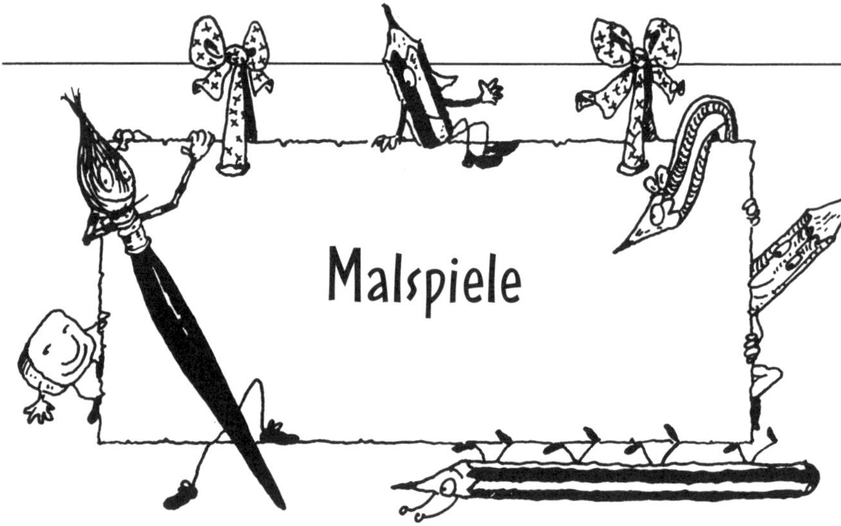

# Malspiele

Mal- und Zeichenspiele kann man schon mit den Jüngsten spielen. Sie schauen dabei vergnügt zu. Die größeren Kinder bekommen einen großen Bogen Papier (auch Packpapier) und dicke Stifte – und das Spiel kann beginnen.
Wenn sich der Erwachsene dazu als „Schnellzeichner“ verkleidet, vielleicht einen Malerhut aufsetzt oder Ähnliches, werden die Kinder begeistert mitmachen.
Man kann aber auch eine Tafel oder eine mit Papier bezogene Unterlage schräg stellen und darauf die Figuren – recht groß – zu den Reimen malen, die wir im Folgenden vorstellen.
Langsam spricht man Zeile für Zeile und malt synchron mit den Worten die Figuren auf die Tafel. Die Kinder werden diesem Vorgang mit Spannung folgen. Bei der Wiederholung erhalten sie dann Papier und Blei- oder Buntstifte und zeichnen mit. Die schnell gezeichneten Bilder sind besonders bei größeren Kindern beliebt, weil sie sich dafür selbst Geschichten oder Reime ausdenken können.
Schnellzeichnen sollte allein der fröhlichen Unterhaltung dienen und ist nicht dazu geeignet, Kindern das Zeichnen zu lehren. Dazu gibt es andere Methoden.

# Der Stoffel

Punkt, Punkt, Komma, Strich,
fertig ist das Mondgesicht.
Einen Kloß und 'ne Kartoffel,
fertig ist mein lieber Stoffel.

Punkt, Punkt, Komma, Strich,
fertig ist das Mondgesicht.
Gleich zwei kleine Ohren dran,
dass es nun auch hören kann.
Kleine Butter – kugelrund
wie ein Käse – so gesund!
Arme wie 'ne Acht,
ist das nicht 'ne Pracht?
Dazu Beine wie 'ne Sechs,
ei, ich glaub, das ist 'ne Hex!

Punkt, Punkt, Komma, Strich,
fertig ist das Mondgesicht.
Ein Paar Ohren, schnell geboren,
einen Hals wie Schmalz,
einen Bauch wie Rauch,
ein Paar Beine wie 'ne Sechs,
fertig ist die Hex!
Mach noch ein paar Henkel dran,
dass man's besser tragen kann.

## Das kann jeder

Heut zeichne ich die Mütze
von meinem Freunde Fritze.

Die Bommel kriegt jetzt Ohren
und auch noch ein Gesicht;

'nen Bart, zwei Tatzen, einen Schwanz
vergesse ich doch nicht!

Da sitzt die Katze „Mäuseschlau"
und sagt zu dir: „Miau-miau."

Erika Schirmer

## Die Miezekatze

Punkt, Punkt, Komma, Strich,
fertig ist das Mondgesicht!
Und zwei spitze Ohren,
so wird sie geboren.
Ritze-ratze, ritze-ratze,
fertig ist die Miezekatze!

# Maus und Kätzchen

Was liegt hier denn auf dem Tisch?
Das ist ja ein Brot, ganz frisch.
Eben kam es erst vom Bäcker,
warm ist's noch und duftet lecker.

So, jetzt schneidet davon ab
einen knusperdicken Knapp,

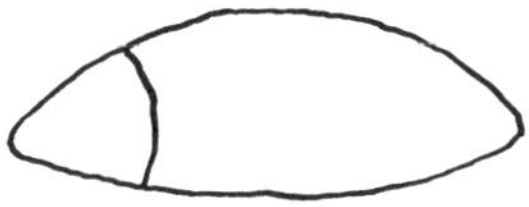

setzt ihm Aug' und Ohren ein
und ein Bärtchen, zart und fein.

Hinten wächst ein Schwanz heraus.
Wer fraß nun das Brot?
– Die Maus!

Warum hat sie das getan?
Seht, da rollt ein Ring heran.

In dem Ring ein kleiner zweiter.
Ohren wachsen. Das wird heiter.

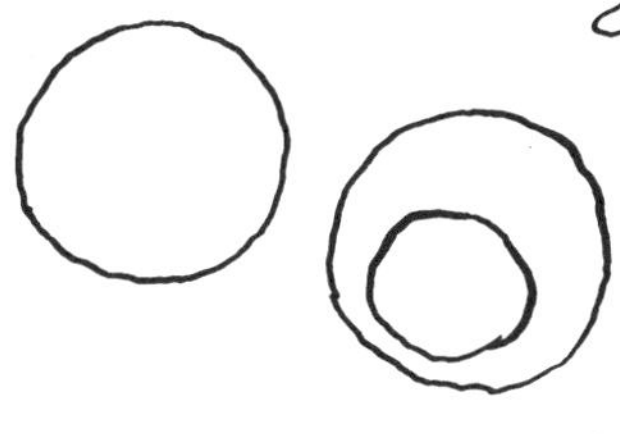

Schiefe Augen, Nase, Tätzchen.
Auf der Lauer liegt das Kätzchen.
Husch, da läuft sie weg, die Maus.
Achtung! Kinderstunde
– aus!

## Das Küken

Ein Küken wollt ihr?
Das zeichnen wir hier.
Zwei Ringe, fast rund.

Ein Punkt ist das Aug,
ein Häkchen am Bauch.

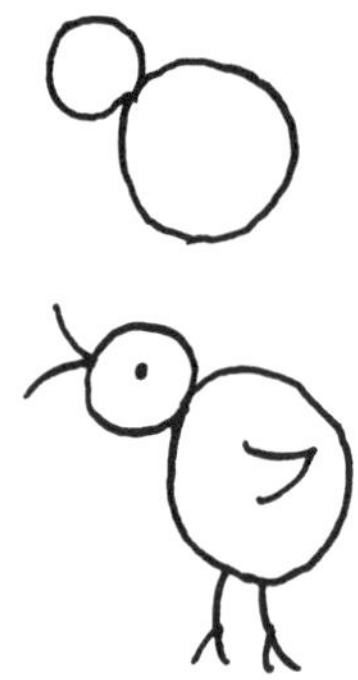

Zwei Striche sind Beine.
Nun zwei Füße, ganz kleine.

Das Küken steht da
und ruft nach Mama.

## Der Gockelhahn

Wo bleibt der Gickel-, Gockelhahn,
der so wacker krähen kann?
Wart, wir malen 1, 2, 3,
dich aus einem Hühnerei.

Hals und Kopf, das Aug, der Kamm,
und zwei Beine unten dran.

Nun den Schnabel, recht weit offen,
haben wir dich gut getroffen?

Und den Schwanz, vergesst ihn nie!
Stolz kräht der Gockel sein „Kikeriki“.

# Elefant aus Afrika

In den Berg Karfunkelstein
führt ein großer Tunnel rein.

Gleich daneben ist noch einer,
doch der ist ein bisschen kleiner.

Kleines Auge – großes Ohr,
hinten guckt ein Schwänzlein vor;

und schon steht er fertig da –
der Elefant aus Afrika.

Erika Schirmer

# Forelle und Flunder

Zwei Kleiderbügel ohne Haken
verwandle ich schnelle
in eine Forelle.

Noch Auge, Flossen, Schwänzchen dran,
dass der Fisch gut schwimmen kann.

Mal ich meine Bügel runder,
wird daraus 'ne dicke Flunder.

Erika Schirmer

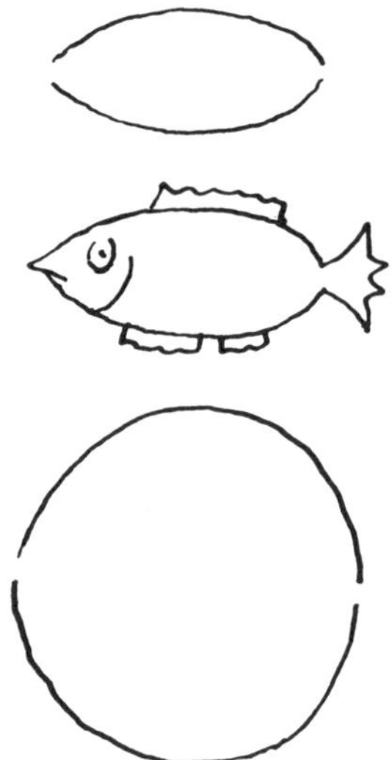

## Das Osterhäschen

Ein großer Ball,
ein kleiner Ball,
obendran zwei Schleifchen,
hintendran ein Schweifchen,
ringsherum viel grüne Gräschen –
fertig ist das Osterhäschen.

## Das Schweinchen

Mit dem Kreis beginnen wir.
Dick und rund, so steht er hier.

Vorn ein kleines Viereck dann.
Hinten Ringelschwänzchen dran.

Einen kleinen Punkt dazu.

Nebenan ein großes U.

Untern Bauch vier flinke Beinchen.
Fertig ist das Schweinchen.

Richard Hambach

# Bärchen

Ein großer Kreis entsteht im Nu.
Drei klitzekleine gleich dazu.

Zwei Arme malen wir noch an.
Zwei dicke, runde Beine dann.

Der Kopf erhält noch ein Gesicht.
Erkennst du nun den kleinen Wicht?

Richard Hambach

# Schildkröte Apollonia

Ein halber Kreis wird nun gebraucht.
Vier Beine dran, damit er kraucht.
Ein dünner Hals, ein runder Kopf.
Ein Auge und ein Nasenknopf,
Fünf Kullern noch, und wer steht da?
Schildkröte Apollonia!

Richard Hambach

## Marienkäferlein

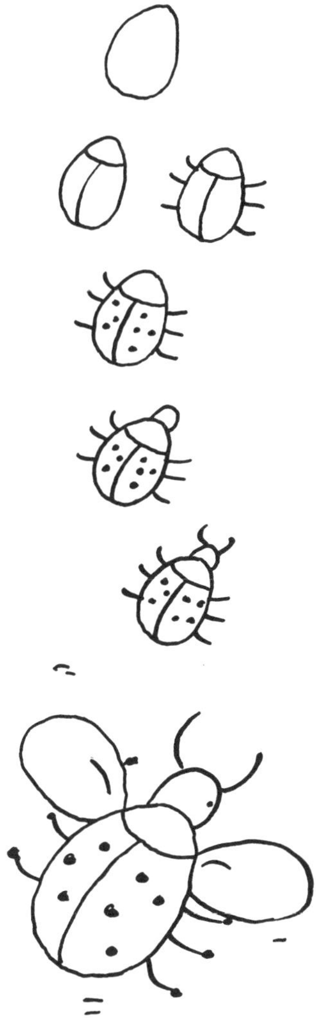

… ein Ei,
ein Ei mit Schale.

Zwei Striche
und sechs Beine.

Sieben Kullern,
klitzekleine.

Ein Bogen drauf
im Nu.

Zwei Fühler
noch dazu.

Nun flieg Marienkäferlein
in die weite Welt hinein.

RICHARD HAMBACH

# Strichmännlein

Ein Kreis und fünf Striche
und Punkte – gleich vier:
Und schon steht ein Strichmännlein
auf dem Papier.

Kann springen, kann laufen,
kann hopsen und hüpfen,
kann Kopf stehn, kann kriechen,
durchs Schlüsselloch schlüpfen.

Doch wenn es dann friert und schneit,
halt ich Mütze und Röcklein,
Hose und Jäcklein
fürs Männlein bereit.

Dann wird's Strichmännlein nicht krank
und sagt ganz freundlich: „Besten Dank!“

Erika Schirmer

## Ob der Mann lachen kann?

Ein Dreieck, ein Kreis,
und dann ein Quadrat,
das seitlich zwei lange
Rechtecke hat.
Dann nochmals zwei Rechtecke
ganz unten dran;
nun wollen wir sehen,
ob der Mann lachen kann.

Erika Schirmer

## Ist das dein Hund?

Ein Kästchen, ein feines.
Daran noch ein kleines.

Ein Ohr nun, Auge und Mund.
Eine Nase zum Schnaufen.

Und Beine zum Laufen.
Ein Schwanz noch – und
was ist das?
– Dein Hund!

Richard Hambach

# Krikus – Krakus – Krokus

Schwarz ist eine dumme Farbe,
halt ich mir die Augen zu.
Doch sie kann auch lustig sein,
zeigt der Stift mit Krikelein.
Malt Herrn Krikus
und Frau Krakus,
Fräulein Krokus
und die Hündchen Krakulein.

Alle fünfe balancieren
übern schwarzen Tintensee.
Zappeln sie auch fürchterlich,
alle hält der schwarze Strich.
Hält Herrn Krikus
und Frau Krakus,
Fräulein Krokus
und die Hündchen Krakulein.

Jemand will sie fortradieren.
Keine Angst, ich deck sie zu.
Ob ich alle fünf noch hab,
zähl ich an den Fingern ab.
Zähl Herrn Krikus
und Frau Krakus,
Fräulein Krokus
und die Hündchen Krakulein.

Ursula Werner-Böhnke

# Hans in der Wanne

Eine Bank, die ist nicht schwer.
Sie hat zwei Beine, ein Brett quer.
Nun stellen wir eine Wanne hin. –
Seht, der Hans sitzt auch schon drin.
Wir malen jetzt nur sein Gesicht
denn das andre sieht man nicht.

Hei, da gucken seine Beine,
und nun strampelt er, der Kleine.
Daran hat er sehr viel Spaß,
alles macht er pitschenass.

# Zahlenspielereien

## Das Haus

Das ist das Haus vom Ni-ko-laus.
1 2 3 4 5 6 7 8
Sprecht diesen Satz ganz langsam, jede Silbe betonend.
Bei jeder Silbe zeichnet eine Linie, wie die Abbildung zeigt.
Kein Strich darf zweimal gezogen werden!

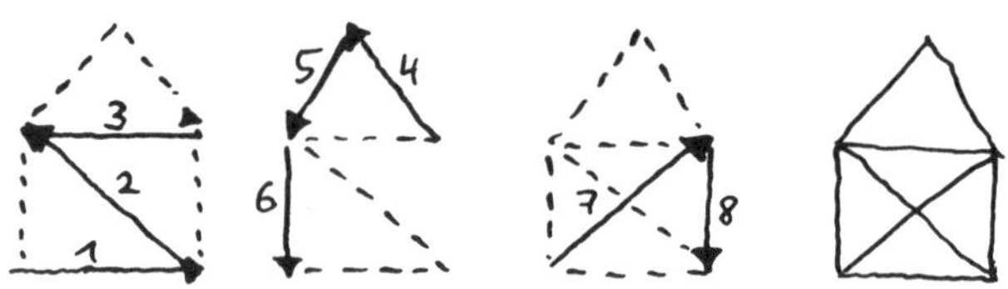

## Erkennst du die versteckten Zahlen?

## Wie viel hat der Schneemann versteckt?

## Mein Windrad

Das Pünktchen in der Mitte
hält alle „Einsen“ fest,
bis sich nicht eine einz’ge mehr
dazwischenschieben lässt.
Zum Schluss kommt noch ein Stöckchen dran,
dann bläst der Wind mein Windrad an.

Erika Schirmer

## Die Acht ist krank

Seht nur, seht! Die Acht ist krank,
ist so furchtbar dünn und schlank!
Malen wir zwei Flügel dran,
dass die Acht gleich fliegen kann.
Noch zwei Fühler, zart und fein,
könnte das ein Schmetterling sein?

Erika Schirmer

## Was mag das sein?

Was mag das sein?
In die dicke, runde Sechs
schreib die Zwei hinein.
Schwänzchen, Auge, Schnabel noch,
sag, was mag das sein?

Erika Schirmer

# Schnellzeichnen zum Geschichtenerfinden

Mit wenigen Strichen sind die nachfolgenden Tiere gezeichnet, einige Verse begleiten diese Tätigkeit. Es fehlt aber zu jeder Zeichnung noch eine kleine Geschichte. Diese sollten sich die Kinder selbst ausdenken, deshalb haben wir die letzte Zeile einfach offen gelassen.

Ist das ein Ei? Wird das etwa ein Hase?
Ach was, der hat doch keine Brille auf der Nase!
Er kriegt noch eine Mütze und ’nen Mantel an,
wird das vielleicht ein …?

Neun runde Kreise male ich,
der Zehnte kriegt noch ein Gesicht.

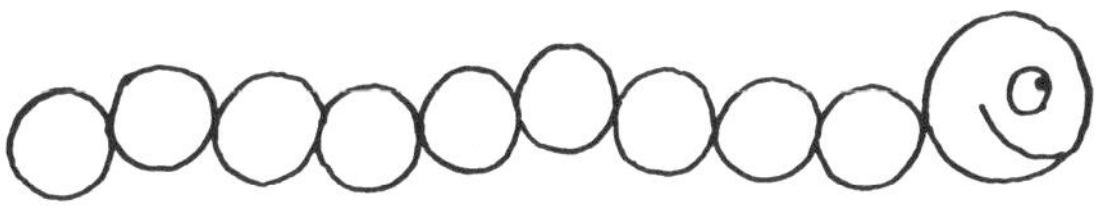

Das ist ’ne Raupe, man kann es sehen,
die will sogleich spazieren gehen.
Damit sie das auch richtig kann,
male ich recht viele Beinchen an.

Schon läuft sie weg –
wo will sie hin …?

Aus ihrem runden, bunten Schneckenhaus,
da schaut eine kleine Schnecke raus.
Sie reckt den Kopf, fährt ihre Fühler aus –
wer klopft denn da …?

Jetzt malen wir zwei Klapperschlangen,
die haben sich im Strauch verfangen.
Da jagte ein großer Hund herbei
und es entstand …?

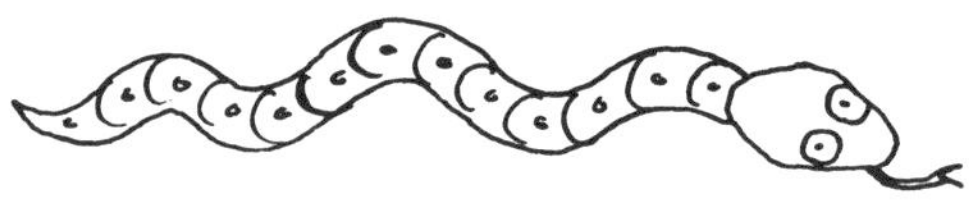

# Wortspielereien

# Gereimter Unsinn

## Hickehackehei

Hickehackehei,
Hickehacke Haberstroh,
heute sind wir alle froh,
Hickehackehei.

## Meister Koch

Meister Koch, Koch, Koch
fiel ins Loch, Loch, Loch,
aber tief, tief, tief,
und er rief, rief, rief:
„Liebe Frau, Frau, Frau,
das tut weh, au, au!
Zieh mich raus, raus, raus,
aus dem Haus, Haus, Haus!“

# Frau von Hagen

Frau von Hagen,
darf ich's wagen,
Sie zu fragen,
wie viel Kragen
Sie getragen,
als sie lagen
krank am Magen
im Spital zu Kopenhagen?

# Sauerkraut und Dill, Dill, Dill

Sauerkraut und Dill, Dill, Dill
kocht meine Mutter vill, vill, vill.
Wer das Sauerkraut nicht will, will, will,
kriegt auch keinen Dill, Dill, Dill.

# Ein Bige Boge Postpapier

Ein Bige Boge Postpapier,
zwei Bige Boge Postpapier,
drei Bige Boge Postpapier …
(usw. bis ein Fehler gemacht wird!)

# Eletelefon

Es war einmal ein Elefant,
der griff zu einem Telefant –
Oh halt, nein, nein! Ein Elefon,
der griff zu einem Telefon –
(Verflixt! Ich bin mir nicht ganz klar,
ob's diesmal so ganz richtig war.)

Wie immer auch, mit seinem Rüssel
verfing er sich im Telefüssel;
indes er sucht sich zu befrein,
schrillt lauter noch das Telefein –
(Ich mach jetzt Schluss mit diesem Song
vom Elefuß und Telefong!)

Laura E. Richards

# Die Pippaponsenfamilie

Das ist der Schlüssel zu dem Pippa-Ponsenberg.
Auf dem Pippa-Ponsenberg
wohnt die Pippa-Ponsenfrau,
hat drei Pippa-Ponsentöchter,
und die Pippa-Ponsentöchter
essen Pippa-Ponsensuppe
aus den Pippa-Ponsentellern
mit den Pippa-Ponsenkellen.

# Es war einmal ein Mann

Es war einmal ein Mann,
der hatte drei Söhne.
Der eine hieß Schack,
der andre hieß Schackschawwerack,
der dritte hieß
Schackschawwerackschackommini.

Nun war da auch eine Frau,
die hatte drei Töchter.
Die erste hieß Sipp,
die andre hieß Sippsiwwelipp,
die dritte hieß Sippsiwwelippsippelimmini.

Und Schack nahm die Sipp,
und Schackschawwerack nahm Sippsiwwelipp,
und Schackschawwerackschackommini
nahm Sippsiwwelippsippelimmini zur Frau.

## Nimm hin das!

Was ist das?
Ein schöner Ring.
Was steht darin geschrieben?
Drei schöne Jungfrauen.
Die erste hieß Pinka,
die zweite hieß Knobla-Pinka,
die dritte Schnicknickna-Knobla-Pinka.
Da nahm die Pinka einen Stein
und warf ihn Knobla-Pinka an das Bein.
Da fing die Schnicknickna-Knobla-Pinka an zu schrein.

## Kunterbunt

Ich soll euch was erzählen?
Gebt Acht, es fängt gleich an:
Es war einmal ein schwarzer, kurzer, runder, bunter Mann,
der hatte schwarze, kurze, runde, bunte Hosen an.
Er trug ein schwarzes, kurzes, rundes, buntes Schwert.
Er saß auf einem schwarzen, kurzen, runden, bunten Pferd.
Er ritt durch die schwarzen, kurzen, runden, bunten Straßen,
wo die schwarzen, kurzen, runden, bunten Kinder saßen.
Er sprach zu den schwarzen, kurzen, runden, bunten Kindern:
„Geht hinweg!
Dass euch mein schwarzes, kurzes, rundes, buntes Pferd
nicht schlägt!"
Nicht wahr, wie vom schwarzen, kurzen, runden, bunten Mann
ich auch so schwarz, kurz, rund und bunt erzählen kann!

# Hopselied

Von Pinkepank nach Pankepink,
da hopsen wir auf einem Bein.
Von Pankepink nach Pinkepank,
da hopsen wir auf zwein.

Von Pinkepank nach Pankepink,
von Pankepink nach Pinkepank
von Pinkepank nach Pankepink,
von Pankepink nach Pinkepank.

Von Pinkepank nach Pankepink,
da hopsen wir auf einem Bein.
Von Pankepink nach Pinkepank,
da hopsen wir auf zwein.

Alfred Könner

# Abzählreime

Eins, zwei, drei –
du bist frei!
Frei bist du noch lange nicht,
sag mir erst, wie alt du bist!

Eins, zwei, drei, vier, Finkenstein,
wer nicht will, der muss es sein.

Eichen, Buchen, Tannen,
und du musst fangen.
Eichen, Tannen, Buchen,
und du musst suchen.

Henriette,
goldne Kette,
goldner Schuh, wie alt bist du?
1, 2, 3, 4, 5, 6, 7 …

Elleri selleri, sippri sappri knullala,
wo ist denn die Omama?
Sie ist nicht hier, sie ist nicht da,
sie ist wohl in Amerika.

Onkel Otto, der spielt Lotto.
Tausend Mark hat er bekommen,
hat das ganze Geld genommen,
kauft sich eine bunte Kuh:
Raus bist du!

Erika Schirmer

1, 2, 3, 4, 5, 6, 7, 8, 9,
wie hoch ist die Scheun?
Wie hoch ist das Haus?
Der kleine Spitzbub muss raus!

Schimme, Schamme, Scheibenkleister,
wer von euch ist Hexenmeister?
Zaubert einen Düsenjäger
oder einen Hosenträger
oder eine Laus – und du bist raus!

Erika Schirmer

Eins, zwei, drei, vier, fünf, sechs, sieben,
wo ist denn die Katz geblieben?
Hinterm Ofen, hinterm Eck,
wo die Maus den Schwanz rausstreckt.

Eins, zwei, drei, vier, fünf, sechs, sieben,
wo bist du so lang geblieben?
Bei dem Schuster tick, tick, tick,
der hat meinen Schuh geflickt.

Eins, zwei, drei, vier, fünf und sechs,
einmal fing ich eine Hex,
sieben, acht und neun und zehn,
doch ich ließ sie wieder gehn.

Eine kleine Mausemaus
wohnt in einem Gartenhaus.
Haus hat keine Fensterlein,
Sonne guckt zum Schornstein rein.
Maus macht ein Tänzchen,
beißt sich ins Schwänzchen,
beißt in den Speck – und du bist weg.

Erika Schirmer

Haferflocken sind so trocken,
Enteneier sind so teuer,
Pfefferkuchen – du musst suchen.

Erika Schirmer

# Aufzählgeschichten

## Widewidewenne heißt meine Puthenne

Widewidewenne heißt meine Puthenne.
Kann-nicht-ruhn heißt mein Huhn,
Wackelschwanz heißt meine Gans.
Widewidewenne heißt meine Puthenne.

Widewidewenne heißt meine Puthenne.
Schwarz-und-Weiß heißt meine Geiß,
Dreibein, so heißt mein Schwein.
Widewidewenne heißt meine Puthenne.

Widewidewenne heißt meine Puthenne.
Ehrenwert heißt mein Pferd,
Gute-Muh heißt meine Kuh.
Widewidewenne heißt meine Puthenne.

Widewidewenne heißt meine Puthenne.
Wettermann heißt mein Hahn,
Schlupf-hinaus heißt meine Maus.
Widewidewenne heißt meine Puthenne.

Widewidewenne heißt meine Puthenne.
Guck-heraus heißt mein Haus,
Kunterbunt heißt mein Hund.
Widewidewenne heißt meine Puthenne.

Widewidewenne heißt meine Puthenne.
Wohlgetan heißt mein Mann,
Sausewind heißt mein Kind.
Widewidewenne heißt meine Puthenne.

# Fünf Englein

Fünf Englein haben gesungen,
fünf Englein kommen gesprungen:
Das erste bläst das Feuer an,
das zweite stellt das Pfännlein dran,
das dritte schütt' die Suppe 'nein,
das vierte tut brav Zucker drein,
das fünfte sagt: 's ist angericht',
iss mein Kindchen, brenn dich nicht!

# Morgens früh um sechs

Morgens früh um sechs
kommt die kleine Hex.
Morgens früh um sieben
schabt sie gelbe Rüben.
Morgens früh um acht
wird der Kaffee gemacht.
Morgens früh um neun
geht sie in die Scheun.
Morgens früh um zehn
holt sie Holz und Spän,
feuert an um elf,
kocht dann bis um zwölf,
Fröschebein, Krebs und Fisch:
Hurtig Kinder, kommt zu Tisch!

# Der Schneider fing 'ne Maus

Ein Schneider fing 'ne Maus,
ein Schneider fing 'ne Maus,
ein Schneider fing 'ne Mi-Ma-Maus,
ein Schneider fing 'ne Maus.

Was macht er mit der Maus?
Was macht er mit der Maus?
Was macht er mit der Mi-Ma-Maus,
was macht er mit der Maus?

Er zieht ihr ab das Fell,
er zieht ihr ab das Fell,
er zieht ihr ab das Mi-Ma-Mausefell,
er zieht ihr ab das Fell.

Was macht er mit dem Fell?
Was macht er mit dem Fell?
Was macht er mit dem Mi-Ma-Mausefell,
was macht er mit dem Fell?

Er näht sich einen Sack,
er näht sich einen Sack,
er näht sich einen Mi-Ma-Mausesack,
er näht sich einen Sack.

Was macht er mit dem Sack?
Was macht er mit dem Sack?
Was macht er mit dem Mi-Ma-Mausesack,
was macht er mit dem Sack?

Er tut hinein sein Geld,
er tut hinein sein Geld,
er tut hinein sein Mi-Ma-Mausegeld,
er tut hinein sein Geld.

Was macht er mit dem Geld?
Was macht er mit dem Geld?
Was macht er mit dem Mi-Ma-Mausegeld,
was macht er mit dem Geld?

Er kauft sich einen Bock,
er kauft sich einen Bock,
er kauft sich einen Mi-Ma-Mausebock,
er kauft sich einen Bock.

Was macht er mit dem Bock?
Was macht er mit dem Bock?
Was macht er mit dem Mi-Ma-Mausebock?
Was macht er mit dem Bock?

Er reitet in die Stadt,
er reitet in die Stadt,
er reitet in die Mi-Ma-Mausestadt,
er reitet in die Stadt.

Was macht er in der Stadt?
Was macht er in der Stadt?
Was macht er in der Mi-Ma-Mausestadt?
Was macht er in der Stadt?

Er kommt nicht mehr zurück,
er kommt nicht mehr zurück,
er kommt nicht mi-ma-mehr zurück,
er kommt nicht mehr zurück.

# Reime zum Ergänzen

## Sag mir, was am Ende fehlt

Wasser soll ins Kännchen fließen,
denn ich will die Blumen g… *(gießen)*

Sonne macht die Erde trocken,
durstig hängen blaue Gl… *(Glocken)*

Tulpen, Rosen, Primeln, Nelken,
nein, sie sollen nicht ver… *(verwelken)*

Jetzt wird alles nass und nasser,
denn ich bringe frisches W… *(Wasser)*

Erika Schirmer

# Im Kindergarten erklärt Frau Kund

Im Kindergarten erklärt Frau Kund:
Der Würfel ist eckig, der Ball ist … *(rund)*

Wer kommt wohl besser von der Stell?
Die Schnecke kriecht langsam,
das Auto fährt … *(schnell)*

Vorsicht mit Pilzen! Das ist wichtig:
Manche sind essbar, doch andre sind … *(giftig)*

Alles schmeckt anders, sagt Annelies.
Die Gurken sind sauer, der Honig ist … *(süß)*

Onkel Paul hackt Holz in Stücke,
dünne Äste und auch … *(dicke)*

Fleißig ist der Onkel Paul.
Nur wer nichts tut, der ist … *(faul)*

Kaputt ist unser kleiner Hocker,
fest war das Bein, nun ist es … *(locker)*

Wir singen eine frohe Weise,
wir singen laut, manchmal auch … *(leise)*

Manches ist unnütz, manches ist wichtig,
machst du nichts falsch, so machst du es … *(richtig)*

Ursula Zamanduridis

# Wer fängt die Maus?

Wer fängt die Maus mit einem Satze?
Das ist unsre liebe … *(Katze)*

Wer putzt sich das Mäulchen,
wer spielt mit dem Knäulchen,
wer hat weiche Tätzchen?
Das ist unser … *(Kätzchen)*

Wer gickert und gackert
und macht viel Gerenne?
Wer legt viele Eier?
Das ist eine … *(Henne)*

Wer stolziert im Hofe?
Nun seht euch das an!
Er hat bunte Federn.
Das ist ein … *(Hahn)*

Ein Autobus fährt durch das L… *(Land)*
Leute winken mit der H… *(Hand)*
Kinder spielen gern im S… *(Sand)*
In dem Zöpfchen ist ein B… *(Band)*
Gummiball hüpft an die W… *(Wand)*
und mein Heft hat einen R… *(Rand)*

Erika Schirmer

# Ein Lied woll'n wir singen

Ein Lied woll'n wir singen,
woll'n schreiben die Zahlen,
das Buch woll'n wir lesen,
ein Bild woll'n wir … *(malen)*

Geschirr woll'n wir spülen
und kochen die Suppe,
den Ball woll'n wir suchen
und spiel'n mit der … *(Puppe)*

Ich esse mein Brot,
bleibt übrig kein Restchen.
Dann geh ich ins Bett
und der Vogel ins … *(Nestchen)*

Liebe Sonne scheine,
die Wäsche hängt auf der … *(Leine)*
Alle Hemden, alle Socken
macht die Sonne wieder … *(trocken)*

Wir waschen die Hände
und decken den … *(Tisch)*
Holt Teller und Gabeln,
wir essen heut … *(Fisch)*

Erika Schirmer

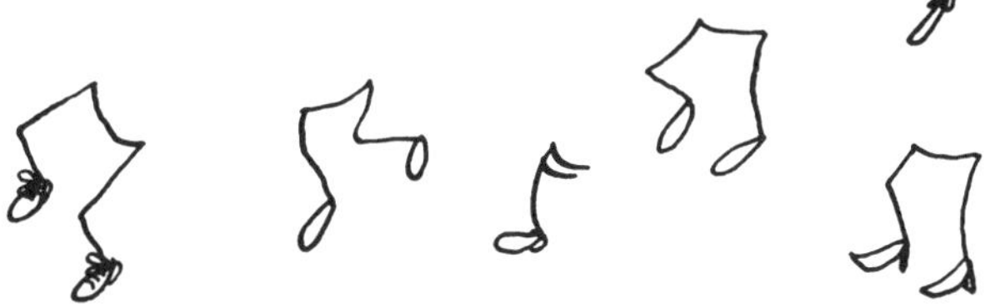

# Suche das passende Reimwort

Sonne

Wanne

Tisch

Reiter

Klasse

Hose

Gruppe

Seife

Bank

Kamm

Tuch

*Nun reime so:*
In die Tonne schien die Sonne,
da goss Peter mit der Kanne
kaltes Wasser in die Wanne.
…

Erika Schirmer

# Das spaßige Echo

Was essen die Studenten? *(Enten)*
Was isst der Herr Meier? *(Eier)*
Was gibt es zum Reis? *(Eis)*
Wer besuchte Fanni? *(Anni)*
Wer war in der Turnhalle? *(alle)*
Sag doch einmal Resel! *(Esel)*
Wer lacht da über mich? *(ich)*

# Zungenbrecher

Der Cottbusser Postkutscher putzt den
Cottbusser Postkutschkasten.

Die Bürsten mit den schwarzen Borsten
bürsten besser als die Bürsten mit den weißen Borsten.

Drei dicke Damen dackelten durch das Dorf.

Die Katze tritt die Treppe krumm.

Esel essen Nesseln nicht,
Nesseln essen Esel nicht.

Es lagen zwei zischende Schlangen
zwischen zwei spitzen Steinen
und zischten dazwischen.

Fischers Fritz fischt frische Fische,
frische Fische fischt Fischers Fritz.

Fünf Ferkel fressen frisches Futter.

Häschen Hoppel hoppelte hinterm Hühnchen her.

Hinter Hermann Hansens Haus
hängen hundert Hemden raus.
Hundert Hemden hängen raus
hinter Hermann Hansens Haus.

In Ulm und um Ulm und um Ulm herum.

Karl konnte keine Kümmelkerne kau'n.

Kleine Kinder können keine
Kirschkerne knacken.

Nachbars Hund heißt Kunterbunt;
Kunterbunt heißt Nachbars Hund.

Rotkraut bleibt Rotkraut.
Blaukraut bleibt Blaukraut.

Schneiderschere schneidet scharf,
scharf schneidet Schneiderschere.

Schnelles Schulkind schnüret Schuhe schnell.

Schnelle Schüler schlittern gern
auf der schlittrigen Schlitterbahn.

Speckmaus maust den Mausspeck;
Mausspeck maust die Speckmaus.

Tante Trude trägt die Teekanne auf dem
Teebrett; Teekanne trägt Tante Trude.

Zwischen zwei Zwetschgenzweigen
zwitscherten zwei Spatzen.

# Schüttelreime

Es klapperten die Klapperschlangen,
bis ihre Klappern schlapper klangen.

Heut essen wir das Suppenhuhn,
das wir noch gestern huppen sah'n.

Man soll nicht gleich die Kinder hauen,
wenn sie nicht alles hinterkauen.

Wenn kalter Regen niederfließt,
die Nachtigall im Flieder niest.

Um einen Schüttelreim zu formulieren, bedarf es einiger Überlegungen. Es müssen Doppelreime gefunden werden, wobei die Anfangsbuchstaben der Reimworte der ersten Zeile sich in der zweiten Zeile – aber in vertauschter Folge – wiederholen sollen. Einige Reimworte zum „Selberschütteln“ geben wir vor. Wer versucht es einmal?

| | | |
|---|---|---|
| Meisterklasse | – | Kleistermasse |
| Mückenstich | – | Tücken nicht |
| Füße Sand | – | Süße fand |
| Nabelschnur | – | Schnabel nur |
| Pampelmuse | – | Hampelsuse |

# Raten und Scherzen

# Fehlergeschichten

## Die vier Gesellen

Es waren vier Gesellen, die zogen durch das Land,
sie waren allen Menschen, ob groß, ob klein, bekannt.
Doch diese lust'gen Gesellen, die stritten sich gar sehr.
Ein jeder von sich behauptete, dass er der Wichtigste wär.

*Es sprach der Herbst:*
„Bei mir ziehen die Vögel in den Süden
und alle Kinder haben einen Drachen und lassen ihn fliegen.
Äpfel, Birnen und auch Pflaumen fallen von den Bäumen runter,
auf den Straßen sind Pfützen und die Blätter werden bunter.
Das Eis taut und Krokusse sind überall zu sehen,
und weil es so warm ist, kann man Röckchen und Weste anziehen."

*Es sprach der Winter:*
„Was wäret ihr ohne mich, ich bringe den Schnee,
ich lasse Schneeflöckchen tanzen und zugefroren ist der See.
Die Kinder gehen rodeln und bauen den Schneemann dann
und weil es so schön warm ist, haben sie einen Badeanzug an.
Überall blühen Blumen und Schmetterlinge sind zu sehen
und wer keine Lust hat, darf Eis essen gehen."

*Es sprach der Frühling:*
„Das ist doch nichts, bei mir beginnt zu blühen der Flieder
und wenn es wärmer wird, kehren auch die Vögel wieder.
Überall sieht man Knospen und Blüten. Und dann
kommt noch ein Fest, wo jedes Kind bunte Eier suchen kann.
Bunte Blätter fallen von den Bäumen und kahl sind alle Felder
und hui saust der Wind mit starkem Gebrause
durch die einsamen Felder und Wälder."

*Es sprach der Sommer:*
„Was ich erst alles kann, die Sonne scheint heiß
und die Badezeit fängt an.
Man planscht munter im Wasser oder lässt sich bräunen.
Alles singt, tanzt und lacht, doch frieren sieht man keinen.
Schnee fällt und Eisblumen blühen an den Fensterscheiben,
die Kinder bauen sich ein Vogelhaus und füttern die Meisen."

Doch halt, was ist mit diesem Gedicht?
Stimmt hier alles oder nicht?
Hört gut zu und gebet Acht,
dann wisst ihr, was die vier Gesellen falsch gemacht!

CHRISTIANE JAHN

# Die seltsame Geschichte von der hungrigen Maus Winzigklein

Marga Arndt

Es war einmal eine Maus, die hieß Winzigklein. Mit ihren zwei krummen Beinchen lief sie, so schnell sie konnte, über einen Teich. Ihr Fell glänzte rosa in der Sonne. Da begegnete ihr der Storch Adebar, ihr ärgster Feind. Der war gerade dabei, einen fetten Hasen zu verspeisen. Auch Winzigklein war sehr hungrig. So beschloss sie, schnell ins Dorf zu fliegen, um sich etwas zu fressen zu holen. Hast-du-nicht-gesehen, landete sie auf dem Dach des Schweinestalles. Wie auf einer Rutschbahn sauste das Mäuschen vom Dach herunter. Hui, direkt vor der Tür des Stalles saß Karo, der große Schäferhund. Winzigklein versteckte sich und lugte neugierig aus einem Loch heraus. Die Schweine standen vor dem Futtertrog und fraßen.

Jetzt kam der Schweinemeister und wollte die Tiere melken. Plötzlich fing der Hund an zu bellen, denn er hatte gerade ein Ei gelegt. Winzigklein erschrak darüber und huschte flugs dem Schweinemeister durch die Beine hindurch und auf den Hühnerhof hinaus. Dabei stieß sie an eine große Wassertonne. Mit lautem Krach fiel diese um.

Von diesem Geräusch schreckte die Henne Gackerack auf, die ihr Nest zwischen den Zweigen einer Linde gebaut hatte. Ängstlich begann Gackerack zu blöken. Ihre Küken aber schwammen vergnügt auf der großen Wassertonnenpfütze.

Endlich entdeckte Winzigklein den Futternapf der Küken und spürte wieder Hunger. Sie eilte herbei und fraß so viel Schokolade und Marzipan aus dem Napf, dass sie für eine ganze Woche satt wurde.

Was meint ihr zu dieser Geschichte?

# Märchenrätsel

Erika Schirmer

Als die Mutter kam zurück,
sah sie gleich das Missgeschick.
Tisch und Stühle umgeschmissen,
Federkissen sind zerrissen,
von den Kindern keine Spur.
Doch im Kasten von der Uhr
steckt das Allerkleinste drin.
Sag, wo sind die andern hin?
*(Der Wolf und die sieben Geißlein)*

Im Tannenwald, bei dunkler Nacht
da hört man, wie ein Kobold lacht.
Das Männlein tanzt, das Feuer brennt,
wisst ihr, wie sich das Männlein nennt?
*(Rumpelstilzchen)*

Spinne, spinn, mein Töchterlein,
soll dein Hochzeitskleidchen sein.
Aber erst in hundert Jahren
kommt ein Königssohn gefahren.
Reißt die Dornenhecke ein
und dann kann die Hochzeit sein.
*(Dornröschen)*

Schnippel, schnippel, seht die beiden,
müssen noch ein Stück abschneiden
von dem Barte, diesem langen,
der im Holze sich verfangen.
Böser Zwerg! Er möcht die braven
Mädchen gar zu gern bestrafen.
Doch nicht lang, da kriegt er schon
von dem Bären seinen Lohn.
*(Schneeweißchen und Rosenrot)*

Ein Junge, der hat einst der Alten
ein Knöchlein durchs Gitter gehalten.
Im Backofen konnt man das Feuer schon sehn,
den Kindern ist dennoch nichts geschehn.
Sie fanden zu Vater und Mutter nach Haus.
Das Märchen von … ist aus.
*(Hänsel und Gretel)*

Ein Apfel, so rot und so rund,
ein Gürtel, so leuchtend und bunt,
ein Kamm, so begehrlich –
für wen war das gefährlich?
*(Schneewittchen)*

Es kocht ein Topf
viel Hirsebrei,
aus welchem Märchen
er wohl sei?
*(Der süße Brei)*

Sie fegte das Häuschen so sauber und fein
und wusch sieben Hemden und Hosen rein
Sie lebte glücklich hinter den Bergen.
Es war … bei den …
*(Schneewittchen bei den sieben Zwergen)*

Gar fleißig war sie alle Zeit,
drum kriegte sie ein goldnes Kleid.
Nachdem sie freundlich sich bedankt,
ist sie zu Hause angelangt.
Der Hahn, der krähte „Kikeriki!
Die … ist wieder hie!“
*(Goldmarie bei Frau Holle)*

# Seltsame Märchen

Der kleinste Zwerg rief: „Wer hat mit meinem Löffelchen geschnitten?“
Der zweite Zwerg fragte: „Wer hat mit meinem Becherchen geschlafen?“
Der dritte Zwerg sprach: „Wer hat in meinem Tellerchen gesessen?“

Endlich kamen die Kinder an ein Haus, das war ganz aus Pfefferkuchen. Da rief eine Stimme: „Knusper, knusper, Knabbermaus, vor dem Hause steht der Klaus.“

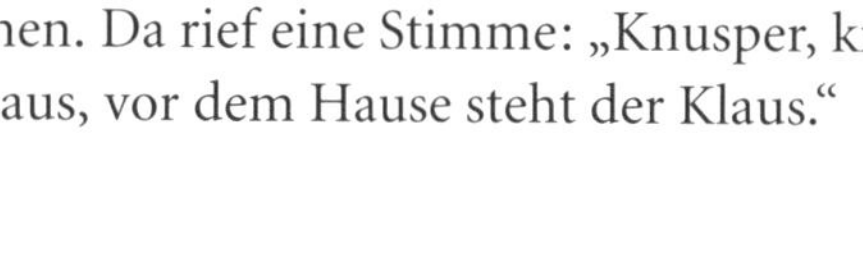

Da fragte das Mädchen: „Aber Großmutter, warum hast du so eine kleine Haube auf?“
Der Wolf antwortete: „Damit ich mich besser wärmen kann!“

Ein junger Mann zerschlug tapfer die wilde Dornenhecke. Als er an den Brunnen kam, da rief das Brot: „Ach, zieh mich raus, sonst verbrenne ich!“

Als das Mädchen die Betten aufgeschüttelt hatte, schenkte ihr die Frau einen goldenen Schuh und sprach: „Verliere ihn nicht, wenn der Hahn kräht bei deiner Heimkehr, du fleißiges Kind!“

# Rätselgeschichten

## Die Blumenfrauen

Marga Arndt

Drei Frauen waren einmal in Blumen verwandelt worden, die auf einem Feld stehen mussten. Nur eine von ihnen durfte des Nachts entzaubert in ihrem Hause sein. Da sprach sie eines Tages zu ihrem Mann, als der Tag anbrach und sie zu den anderen Blumen aufs Feld zurückgehen musste, um wieder eine Blume zu werden:

„Wenn du heute am Vormittag kommst und mich abpflückst, werde ich erlöst und darf künftig bei dir bleiben."

Das geschah.

Die Blumen waren aber ganz gleich, ohne Unterschied.

Woran hat der Mann die Blume, die seine Frau war, erkannt?

*(Am fehlenden Tau, denn sie hatte die Nacht nicht auf dem Feld zugebracht!)*

# Die Schnecke unterm Pilz

Marga Arndt

Die schwarze Wegschnecke Amanda kroch am moosbewachsenen Waldrand entlang. Mit ihren ausgestreckten Fühlern stieß sie an einen ganz kleinen Pilz, biss ein wenig seinen Stiel an und wurde dabei sehr müde. Sie schlief lange und es regnete und regnete. Als sie erwachte, goss es immer noch in Strömen vom Himmel, aber die Schnecke wurde nicht nass. Sie lag im Trockenen und wunderte sich sehr. Weshalb wohl blieb sie trocken?

*(Durch den Regen war der Pilz schnell gewachsen und sein Schirm größer geworden, deshalb wurde die darunter sitzende Schnecke nicht nass.)*

# Die Einladung

Marga Arndt

Der Fuchs lud Frau Störchin zum Essen ein und servierte in einem Teller eine Fleischbrühe. Frau Störchin nahm davon kein Tröpfchen, während der Fuchs alles im Nu ausschlapperte. Danach lud die Störchin den Fuchs zum Mahle ein und servierte ihm ein duftendes Essen in einer Flasche mit langem Hals. Diesmal ließ es sich die Störchin schmecken. Der Fuchs trottete beschämt und hungrig nach Hause. Weißt du warum?

*(Die Störchin kann mit ihrem langen Schnabel zwar in eine Flasche gelangen, aber keine Flüssigkeit von einem Teller aufnehmen wie der Fuchs. Dieser hatte sie absichtlich angeführt und musste nun ertragen, ebenso von der Störchin gefoppt zu werden, denn aus einer Flasche kann wiederum er nicht fressen.)*

## Fährmann, Wolfshund, Ziege und Kohlköpfe

Ein Fährmann ging mit seinem Wolfshund auf die Weide, um seine Ziege zu holen. Auf dem Heimweg nahm er noch eine Kiste Kohlköpfe vom Markt mit. Zu seinem Schrecken sah er, dass das Hochwasser die Brücke über dem Fluss weggerissen hatte, über die er gekommen war. In seinem kleinen Boot konnte er aber immer nur entweder ein Lebewesen oder eine Sache ans andere Ufer fahren. Er muss aber den Wolfshund, die Ziege und die Kiste Kohlköpfe hinübertransportieren.
Wie stellt er das an, ohne dass inzwischen die Kohlköpfe von der Ziege oder diese vom Wolfshund gefressen werden?

*(Zuerst bringt er die Ziege hinüber, holt dann die Kohlköpfe, nimmt aber die Ziege wieder mit zurück. Dann lässt er sie am Ufer und fährt mit dem Wolfshund hinüber. Zuletzt holt er die Ziege.)*

# Der kluge Bergsteiger

Eine Gruppe Bergsteiger ist auf dem Weg zu einem hohen Berggipfel. Jeder der Bergsteiger darf sich aus dem Gepäck die Last aussuchen, die er selbst tragen will. Der Kleinste sucht sich eine schwere Last, welche die Verpflegung enthält. Die anderen wundern sich und lachen den schwächlichen Mann aus. Nach wenigen Stunden aber wissen sie, wie klug er war.
Findest du heraus, warum sie ihn nun nicht mehr auslachten?

*(Sein Bündel wurde nach jeder Mahlzeit leichter.)*

# Rätsel

Im Häuslein mit fünf Stübchen,
da wohnen braune Bübchen.
Nicht Tür noch Tor führt ein und aus,
wer sie besucht, verzehrt das ganze Haus.
*(Der Apfel)*

Es regnet kein Tröpfchen,
ich stehe nur hier,
bei Tag und bei Nacht
hab den Schirm ich bei mir.
*(Der Pilz)*

Erika Schirmer

Erst weiß wie Schnee,
dann grün wie Klee,
dann rot wie Blut,
schmeckt allen Kindern gut.
*(Die Kirsche)*

Erst weiß wie ein Licht,
dann ein Stachelgesicht.
Wie ein grüner Igel,
wie ein blanker Spiegel,
wie eine braune Maus –
hüpf ich aus meinem grünen Haus.
*(Die Kastanie)*

Auf unsrer Wiese gehet was,
watet durch die Sümpfe.
Es hat ein schwarz-weiß Röcklein an,
trägt auch rote Strümpfe,
fängt die Frösche: schwapp, wapp, wapp,
klappert lustig: klapper-di-klapp.
Wer kann das erraten?
*(Der Storch)*

Heinrich Hoffmann v. Fallersleben

Ein Kopf, darauf zwei Höckerlein.
Sollte das ein Teufel sein?
Doch der Kopf sitzt jedenfalls
hoch auf einem langen Hals.
Und wenn Gefahren nahe sind,
da rennt sie schneller als der Wind.
*(Die Giraffe)*

Erika Schirmer

Manchmal groß und manchmal klein,
kann mal dick, mal dünne sein.
Zähne giftig, Zunge lang,
träf ich sie, dann wär mir bang.
Hat keine Flügel, hat kein Bein,
kommt doch über Stock und Stein.
*(Die Schlange)*

Erika Schirmer

Ich bin ein Baum, hab keine Blätter,
bin immer grün, bei jedem Wetter.
Doch wenn erst Weihnachten wird sein,
werd ich geschmückt von Groß und Klein.
*(Die Tanne)*

Erika Schirmer

Ich weiß ein kleines, weißes Haus,
hat weder Fenster noch Tore.
Und will sein kleiner Wirt heraus,
muss er die Wand durchbohren.
*(Ei und Küken)*

Möchte wohl wissen, wer das ist,
der immer mit zwei Löffeln frisst.
*(Der Hase)*

Ich gehe alle Tage aus
und bleibe doch in meinem Haus.
*(Die Schnecke)*

Welche Mäuse, rate mal,
fliegen über Berg und Tal?
*(Fledermäuse)*

Witschel-watschel
geht über die Brücken,
hat ein Bett gar auf seinem Rücken.
*(Gans/Ente)*

Was eilt so munter den Berg hinunter?
Ich schau hindurch, doch ist's kein Glas;
fass ich es an, so werd ich nass.
*(Der Bach)*

Erika Schirmer

Was ist das für ein Diebsgesell?
Er geht auf Nachbars Acker aus,
stopft voll sich beide Taschen schnell
und trägt's ganz wohlgemut nach Haus.
Da packt er's aus, als wär's das seine,
legt eins zum andern in die Scheune.
Die Scheune liegt in Ackers Grund,
die Taschen, die hat er im Mund.
*(Der Hamster)*

In den Winkeln an den Mauern
pfleg ich auf das Wild zu lauern.
Netze spann ich um mich her,
und mein Tisch bleibt selten leer.
*(Die Spinne)*

Fällt vom Himmel, macht dich nass.
Sag mir doch, was ist denn das?
*(Der Regen)*

Der arme Tropf
hat einen Hut und keinen Kopf.
Und hat dazu
nur einen Fuß und keinen Schuh.
*(Der Pilz)*

Weiß
wie Kreide,
leicht wie Flaum,
zart wie Seide,
feucht wie Schaum.
*(Der Schnee)*

Stand ein Ries', aus Eis gemacht,
grimmig auf den Beinen,
aber als die Sonn' gelacht,
fing er an zu weinen.
*(Der Schneemann)*

Wer geht übers Feld und bewegt sich nicht?
Wer leitet dich sicher, auch ohne Licht?
*(Der Weg)*

Eine breite, lange Straße
strahlt wie Silber hell und schön,
doch kein Fahrzeug kann dort fahren,
keine Ampel ist zu sehn.
Hab sie nur bei Nacht gefunden,
denn am Tag war sie verschwunden.
*(Die Milchstraße)*

ERIKA SCHIRMER

Ich ging bei hellem Sonnenschein
gar fröhlich in die Welt hinein.
Doch plötzlich ging noch jemand mit,
begleitet mich auf Schritt und Tritt.
Ich sagte zu ihm: „Lass das sein,
verschwinde nur, ich geh allein!"
Doch wenn ihr denkt, der ginge fort,
oh nein, der blieb am gleichen Ort.
Ich lief ins finstere Versteck,
und siehe da, jetzt war er weg.
*(Der Schatten)*

ERIKA SCHIRMER

Ein Vorhang ist's,
aus Luft und Duft gewoben,
und wie der Wind
so geschwind
ist er zerstoben.
*(Der Nebel)*

Sie sagt: „Ich lade Sie ein zum Tee,
dazu gibt's auch ein Schälchen Gelee."
Er sprach: „Das ist schön! Nur hab ich gedacht,
wir treffen uns beide um Mitternacht."
„Das tut mir Leid", sprach sie, „das wird nicht gehn,
um Mitternacht kann mich niemand mehr sehn."
*(Sonne und Mond)*

Erika Schirmer

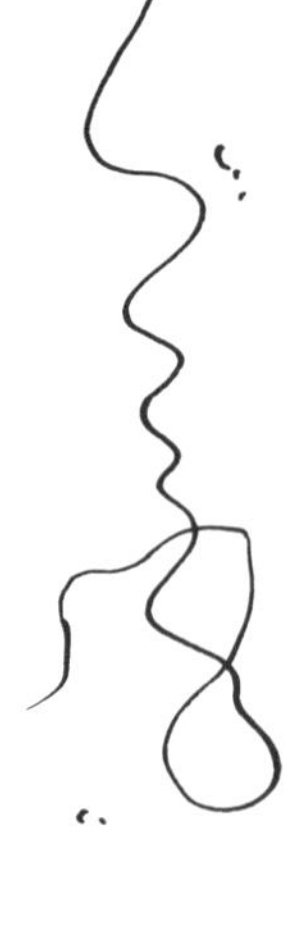

Ich sag euch ein Rätsel, was könnte das sein?
Er hat ein Gesicht, aber leider kein Bein.
Er hat nur ein Schwänzchen,
das wackelt beim Tänzchen,
ist mit Wind und Wolken gut bekannt,
ich halt ihn fest in meiner Hand.
*(Der Drachen)*

Erika Schirmer

Hat kein' Anfang und kein Ende,
doch schmückt er die Hände.
*(Der Ring)*

Nur Loch an Loch und hält und schmückt dich doch.
*(Die Kette)*

Es ist aus Glas
und reitet auf deiner Nas'.
*(Die Brille)*

Er kratzt mich, er quält mich,
er tanzt auf meinem Scheitel.
Jeden Morgen such ich ihn,
denn ich bin sehr eitel.
*(Der Kamm)*

Sitzt einer auf dem Dach, der raucht,
der weder Pfeif' noch Tabak braucht.
*(Der Schornstein)*

Welch ein Geschöpfchen!
Wie auch geboren,
nie wachsen Ohren
ihm an dem Köpfchen.
Es klingt wie ein Märchen:
Hat es ein Öhrchen,
hat es kein Köpfchen,
hat es ein Köpfchen,
hat es kein Öhrchen,
das arme Tröpfchen!
*(Nähnadel und Stecknadel)*

Ein rotes Köpfchen, ein hölzernes Bein,
was mag das für ein Männchen sein?
Man fasst es fein
an seinem Bein,
reibt ihm den Kopf,
gleich brennt der Tropf.
Doch gebet Acht!
Zum Spielen ist es nicht gemacht!
*(Das Zündholz)*

Es rüttelt sich und schüttelt sich
und macht ein Häuflein unter sich.
*(Das Sieb)*

Es hängt an der Wand,
hat sich den Rücken verbrannt.
*(Die Bratpfanne)*

Ich kenn ein Ding, das ist aus Eisen,
hat keinen Mund und kann doch beißen.
*(Die Zange)*

Ein armer Soldat muss Wache stehn,
hat keine Füße und muss doch gehn,
hat keine Hände und muss doch schlagen.
Wer kann mir das Rätsel sagen?
*(Die Uhr)*

Der kleine Bruder schreitet träge,
der große aber rasch dahin.
Trifft der große den kleinen auf dem Wege,
dann hüpft er lustig über ihn.
*(Die Uhrzeiger)*

Ich armer Mann, was fang ich an?
Im Sommer schaut mich keiner an.
Doch kommt die kalte Winterszeit,
wenn's draußen friert und feste schneit,
dann nimmt mich jeder in den Arm,
denn ich bin warm.

*(Der Ofen)*

Erika Schirmer

Federn hat's, doch fliegt es nicht.
Beine hat's, doch läuft es nicht.
Immer steht es mäuschenstill,
weil es nichts als Ruhe will.

*(Das Bett)*

Zwei Löcher hab ich,
zwei Finger brauch ich,
so mach ich Langes und Großes klein
und trenne, was nicht beisammen soll sein.

*(Die Schere)*

Zwei kleine Freunde
hat ein jedes Kind:
Sie helfen ihm, den Löffel führen
und auch in der Tasse rühren,
auch das Näschen putzen
und die Haare stutzen,
feste in das Wasser patschen
und gar fröhlich dann zu klatschen.
*(Die Hände)*

Waltraut Singer

Ich bin dein Bruder im Sonnenschein.
Bald laufe ich voraus, bald hinterdrein.
Ich bin wie du, mal riesenlang,
dann wieder wie ein Zwerg so klein.
Wer mag das sein?
*(Der eigene Schatten)*

Alles hört es fort und fort
und sagt doch nicht ein einzig Wort.
Rate, wer ist so verschwiegen?
Schlafend wirst du auf ihm liegen.
*(Das Ohr)*

Wer kann das Rätsel raten?
Es gibt fünf Kameraden,
der eine dick, der andre fein,
der eine groß, der andre klein.
Doch leben sie zu jeder Zeit
in treuer Lieb und Einigkeit.
Sie zanken nicht und streiten nicht
und keiner nur ein Wörtlein spricht.
Und was ihr Herr nur haben will,
tun sie zusammen flink und still.
*(Die Finger)*

Georg Chr. Dieffenbach

Zehn Nägel hat der kleine Fritz,
sie sind nicht lang und auch nicht spitz.
Klopft er drauf mit dem Hämmerlein,
da fängt er furchtbar an zu schrein.
*(Die Fingernägel)*

Erika Schirmer

Ich weiß ein Ställchen
mit weißen Gesellchen,
es regnet nicht drein,
es schneit nicht hinein
und ist doch immer nass.
Was ist das?
*(Mund und Zähne)*

Zwei sind's, die beieinander stehen
und alles gut und deutlich sehen,
nur kennet eins das andre nicht.
Es sei, man hält den Spiegel vors Gesicht.
*(Die Augen)*

Er ist ein Held von eigner Art,
mit einem Ring und einem Bart.
Und hält mich unsre Haustür an,
hilft er mir, dass ich durchgehn kann.
*(Der Schlüssel)*

Erika Schirmer

Ich bin unersetzlich, mich braucht jedermann,
wie gut, dass ich jeden beschützen kann.
Ob Mann, ob Frau, selbst die kleine Ottilie
hat schon einen Bruder aus meiner Familie.
Bin blau oder bunt, mal groß oder ganz klein
und schlüpf in Taschen und Hüllen hinein.
Doch ziehn dunkle Wolken am Himmel auf,
dann mache ich „klick“ und spanne mich auf.

*(Der Regenschirm)*

SCHIRMER

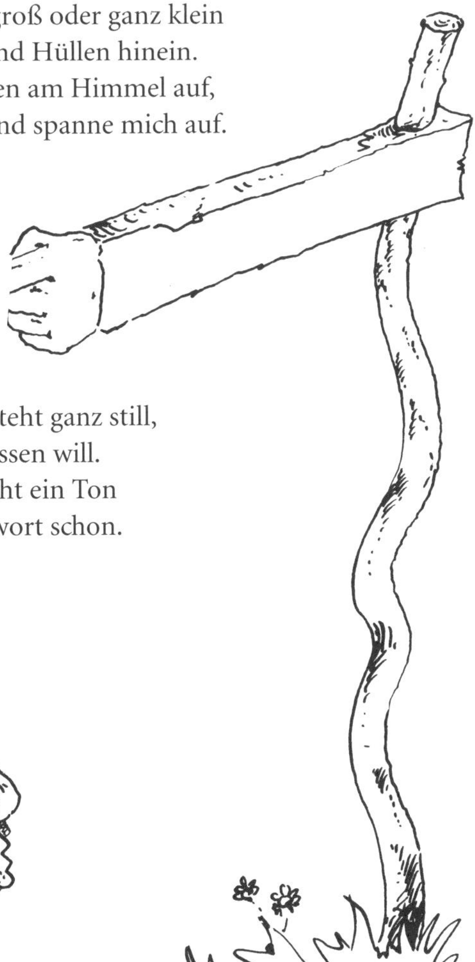

teht ganz still,
ssen will.
:ht ein Ton
wort schon.

Ich bin zwar meiner Schwester gleich
an Alter und an Kräften;
doch bin ich nicht so flink wie sie
zu allerlei Geschäften.
Sie wird verwöhnt von Kindheit an,
ich wachse ungeschickt heran;
so kommt's, dass in der ganzen Welt
man sie nur für die Rechte hält.
*(Die linke Hand, die rechte Hand)*

Ein Kasten steht in jedem Haus,
aus diesem kommen viele Geräusche raus.
Doch wenn man genug hat – knips –
stellt man ihn aus.
*(Das Radio)*

Erika Schirmer

Ich hab viele Zähne
und bin täglich wichtig.
Wenn du mich heut nicht nimmst,
ziep ich doch morgen tüchtig.
*(Der Kamm)*

Erika Schirmer

Zwei Flügel hat's, kann doch nicht fliegen.
Einen Rücken hat's, kann doch nicht liegen.
Ein Bein hat's auch, nur steht es nicht.
Du hast es mitten im Gesicht.
*(Die Nase)*

Erika Schirmer

Am Himmel schwebt es,
der Wind, der hebt es.
Ich hab's an der Schnur,
wie heißt das Ding nur?
*(Der Drachen)*

Erika Schirmer

Ich hüpf hervor aus flinker Hand,
von einer Wand zur andern Wand,
und spring ich noch so toll,
gleich lieg ich wieder, wenn ich soll,
ganz ruhig in der Ecke.
*(Der Ball)*

Wer ist's, die hoch am Himmel steht
und mit den Kindern baden geht?
Und wer ist's, der am Himmel lacht
und sagt den Kindern „Gute Nacht"?
*(Sonne und Mond)*

Erika Schirmer

Es ist keine Schere,
es ist kein Messer,
es hat scharfe Zähne,
damit kann sie's besser
und beißt eins zwei drei,
den Baumstamm entzwei.
*(Die Säge)*

Es sitzen zweiunddreißig Gesellchen
in einem kleinen Ställchen,
sie sind lustig und munter,
gehen rauf und gehen runter,
und ein rotes Möpschen dabei;
so sitzen sie schön in der Reih'.
*(Zähne und Zunge)*

# Scherzfragen

Welches Tier kann seinen Namen selbst nennen?
*(Der Kuckuck)*

Wer geht durchs Fenster und zerbricht es nicht?
*(Der Sonnenstrahl)*

Welcher Schuh läuft sich nicht ab?
*(Der Handschuh)*

Welcher Stuhl hat kein Bein?
*(Der Fahrstuhl)*

Welche Hähne krähen nicht?
*(Die Wasserhähne)*

Wann schmecken kleine Birnen am besten?
*(Wenn keine großen da sind.)*

Welcher Schlüssel schließt kein Schloss?
*(Der Notenschlüssel)*

Welcher Abend fängt schon am Morgen an?
*(Der Sonnabend)*

Welchen Spiegel kann man nicht putzen?
*(Den Wasserspiegel)*

Welches Glöckchen hört man nicht?
*(Das Maiglöckchen)*

Welches Kätzchen hat keine Tätzchen?
*(Das Weidenkätzchen)*

Welche Kätzchen kratzen nicht?
*(Die Weidenkätzchen)*

Welches Pferd hat keinen Schweif?
*(Das Nilpferd)*

Welche Nadeln taugen nicht zum Nähen?
*(Die Tannennadeln)*

Welcher Baum hat keine Blätter?
*(Der Tannenbaum)*

Was geht immer um den Baum herum
und kann doch nie hinein?
*(Die Rinde)*

Wer beißt und hat doch keine Zähne?
*(Die Zwiebel)*

Welcher Ring ist niemals rund?
*(Der Hering)*

Welche Meisen können nicht singen?
*(Die Ameisen)*

Welche Hüte passen auf keinen Kopf?
*(Die Fingerhüte)*

Was brennt und ist doch nicht heiß?
*(Die Brennnessel)*

Welchen Sinn kann man entbehren?
*(Den Unsinn)*

Welches Pflaster legt man auf keine Wunde?
*(Das Straßenpflaster)*

Welcher Zahn kann nicht beißen?
*(Der Löwenzahn)*

Welcher Hund ist gar keiner?
*(Der Seehund)*

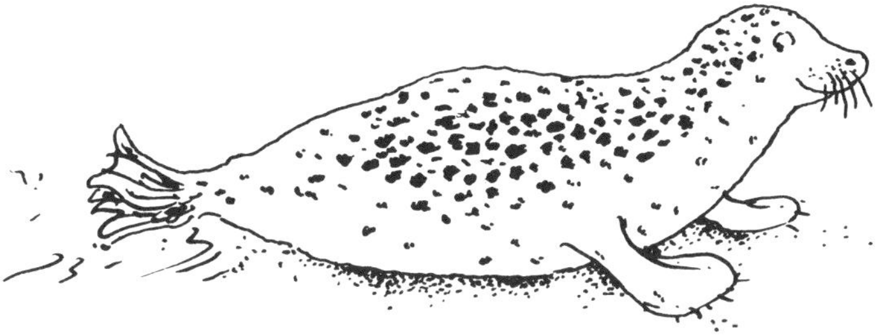

Wie schreibt man trockenes Gras mit drei Buchstaben?
*(Heu)*

Was ist fertig und wird doch täglich gemacht?
*(Das Bett)*

Welcher Vogel hat keine Federn?
*(Der Spaßvogel)*

Welche Nuss schmeckt keinem?
*(Die Kopfnuss)*

Welcher Hund bewacht kein Haus?
*(Der Seehund)*

Was lässt sich nicht mit Worten ausdrücken?
*(Der nasse Schwamm)*

Welcher Stein raucht?
*(Der Schornstein)*

Welcher Bär brummt nicht?
*(Der Ameisenbär)*

Wer antwortet dir, ohne eine Sprache zu verstehen?
*(Das Echo)*

Welcher Vogel hat keine Federn und kommt nie auf einen grünen Zweig?
*(Der Pechvogel)*

In welche Tasche kann man nichts stecken?
*(In die Plaudertasche)*

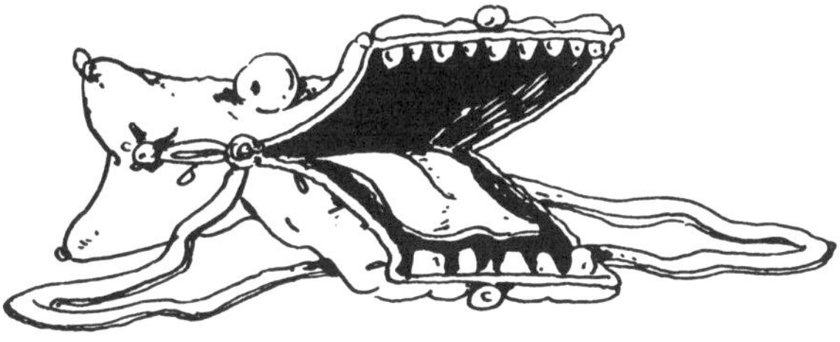

Warum ist das Rätselraten so gefährlich?
*(Weil man sich dabei den Kopf zerbrechen kann.)*

Welcher Stollen ist kein Bergwerk?
*(Der Christstollen)*

In welcher Höhle wohnt kein Tier?
*(In der Mundhöhle)*

Welcher Zug braucht keinen Bahnhof?
*(Der Durchzug)*

Was macht der Glaser, wenn er kein Glas hat?
*(Er trinkt aus der Flasche.)*

# Scherzlieder

Scherzlieder singt man am besten im Kreis einer fröhlichen Spielrunde. Wer noch nicht so recht in Stimmung ist, wird ganz sicher beim Mitsingen hineinkommen.
Alle Lieder sind mit kleinen Sprachhindernissen gespickt: Silben oder ganze Wörter müssen ausgelassen werden, manchmal so häufig, dass das ganze Lied nur noch aus „hm-hm-hm“ besteht. In einem Scherzlied sollen in jeder Strophe die Selbstlaute ausgetauscht werden, das ergibt eine lustige Zungenakrobatik! Man wird viele Pfänder brauchen für die Fehler, die fast jeder machen wird. Hoffentlich zerbricht sich keiner die Zunge dabei!

# Mein Hut, der hat drei Ecken

Zu Beginn singen alle das Lied einmal richtig, wie es die 1. Strophe vorgibt. Bei der Wiederholung wird das erste Wort „mein“ nicht gesungen, sondern durch eine Geste ersetzt. In der nun 3. Strophe wird auch das Wort „Hut“ weggelassen, dafür nur stumm auf den Kopf gezeigt. Und so geht es fort, bis das ganze Lied nur gesummt wird – abgesehen von den Wörtern „hat“, „so“ und „ist“, die nicht darzustellen sind und immer gesungen werden. Wer nicht aufpasst und ein Wort singt, anstatt es zu zeigen, muss ein Pfand abgeben.

Mögliche Bewegungen:
1. mein = mit der Hand an die Brust schlagen
2. Hut = auf den Kopf zeigen oder eine Hand über ihn halten
3. drei = drei Finger zeigen
4. Ecken = den linken Arm abwinkeln, Ellenbogen zeigen
5. nicht = den Kopf schütteln

Text: mündlich überliefert
Melodie: Neapolitanische Canzonetta

# Drei Chinesen mit dem Kontrabass

Das ist ein Lied mit Zungenakrobatik. Auch die Lippen bekommen viel zu tun, denn in jeder Wiederholung werden die Selbstlaute gewechselt, nacheinander durch a, e, i, o, u oder durch Umlaute ä, ö, ü.

Auf a klingt das dann so:

„Dra Chanasan mat dam Kantrabass,
saßan af dar Straßa and arzahltan sach was …“ usw.

Auf e singt man nun so:

„Dre Chenesen met dem Kentrebess,
seßen ef der Streße end erzehlten sech wes …“ usw.

Manchmal wird man vor Lachen nicht weitersingen können!

Text und Melodie: überliefert

# Jetzt fahrn wir übern See

2. Und als wir drüber warn, drüber warn,
und als wir drüber … warn.
Da sangen alle Vöglein,
Vöglein, Vöglein, Vöglein,
da sangen alle Vöglein,
der helle Tag brach … an.

3. Der Jäger blies ins Horn, blies ins Horn,
der Jäger blies ins … Horn.
Da bliesen alle Jäger,
Jäger, Jäger, Jäger,
da bliesen alle Jäger,
ein jeder in sein … Horn.

4. Das Liedlein, das ist aus, das ist aus,
das Liedlein, das ist … aus.
Und wer das Lied nicht singen kann,
singen, singen, singen kann,
und wer das Lied nicht singen kann,
der fängt von vorne … an.

In diesem Lied geht es ums Luftanhalten an den Stellen, die im Text mit drei Punkten gekennzeichnet sind. Wer das vergisst, zahlt ein Pfand. Bei der Wiederholung jeder Strophe wird der ganze Text ohne Pausen gesungen.

Text und Melodie: überliefert

# Hinterm Ofen

Das ist ein Lied mit sehr vielen Hindernissen. Da heißt es gut aufpassen. Die 1. Strophe wird richtig gesungen. Dann beginnt der Spaß:

2. Die Silben „O-“, „Ran-“, „tan-“ auslassen.
3. Die Silben „O-“, „Ran-“, „tan-“ singen, dafür aber „-fen“ und „-zen“ weglassen.
4. Jetzt ganz auf die Wörter „Ofen“, „Ranzen“, „tanzen“ verzichten und nur „hm, hm“ singen.
5. Nur „Ofen“, „Ranzen“, „tanzen“ singen, den übrigen Text durch stumme Lippenbewegungen andeuten.
6. „Ofen“, „Ranzen“, „tanzen“ singen, das Übrige pfeifen.
7. Nun geht es umgekehrt: Pfeifen an Stelle von „Ofen“, „Ranzen“, „tanzen“ und den anderen Text singen.
8. Das ganze Lied noch einmal gemeinsam singen.

Text und Melodie: überliefert

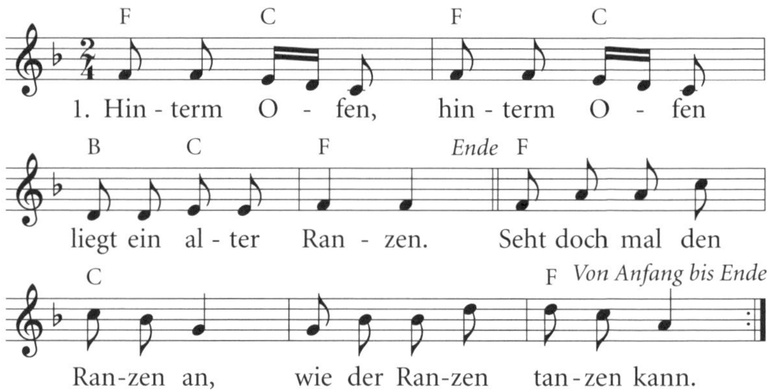

# Wort- und Schreibspiele

# Buchstabierscherze
# ABC-Spiele

überliefert

## ABC, Kopf in die Höh'

A, B, C, Kopf in die Höh!
D, E, F, wart, ich treff!
G, H, I, das macht Müh!
J, K, L, nicht so schnell!
M, N, O, lauf nicht so!

P, Q, R, das ist schwer!
S, T, U, hört mir zu!
V, W, X, mach 'nen Knicks!
Ypsilon, Zett, geh zu Bett!

## ABC, die Katze lief in ’n Schnee

ABC, die Katze lief in ’n Schnee,
und als sie wieder herauskam,
hatt’ sie weiße Stiefel an,
dass sie nimmer laufen kann.

ABC, die Katze lief zur Höh,
sie leckt ihr kaltes Pfötchen rein
und putzt sich auch die Höselein
und ging nicht mehr in ’n Schnee.

## Buchstabenwettlauf

A und B und C und D
liefen durch den grünen Klee.
E und F und G und H
riefen: „Wir sind auch schon da!“
I und J und K und L
jammerten: „Lauft nicht so schnell!“
M und N und O und P
schwammen schnell durch einen See.
Q und R und S, T, U
folgten wie der Wind im Nu.
V und W, X, Ypsilon
freuten sich: „Da sind wir schon!“
Doch wo ist das Zett?
Im …!

Erika Schirmer

## Ein Rehlein klagt

A, B, C, D, E, im Walde wohnt ein Reh.
F, G, H, I, J, K, ist erst der Winter da,
L, M, N, O, P, Q, deckt Schnee die Wiesen zu.
R, S, T, U, V, W, das Rehlein denkt: Oh weh,
X, Y und Z, wenn ich nur Futter hätt!

Erika Schirmer

## Das Tier-ABC

Ein Kind sagt lautlos das ABC auf, bis ein anderes „Halt an!“ ruft. Nun muss jeder zu dem Buchstaben, der an der Reihe ist, ein Tier finden und dabei das ABC beachten. Sagt der erste Spieler zum Beispiel **A**al, muss der zweite **B**är, der dritte **C**hamäleon, der vierte **D**rossel sagen oder ein anderes Tier nennen, das mit diesem Buchstaben des Alphabets beginnt.
Wer keines findet, wird in der Runde übersprungen.

## Das Blumen-ABC

A stern
B utterblume
C hristrose
D …
E …
F …
G …

## Das Städte-ABC

A ugsburg
B erlin
C ottbus
D …
E …
F …
G …

## Mir fehlt ein Löffel

A und B und C und D,
wenn ich auf das Ende seh,
E und F und G und H,
dann ist nichts mehr für mich da!
I und J und K, L, M,
dabei wär es angenehm,
N, O, P und Q und R,
wenn ein bisschen übrig wär.
S und T und U und V,
wenn ich auf den Teller schau.
W, X, Y und Z:
Wenn ich nur 'nen Löffel hätt!

Erika Schirmer

## Halt an!

Ein Kind sagt leise für sich das ABC auf, bis ein anderes Kind „Halt an!“ ruft. Der letzte Buchstabe wird nun laut genannt. Alle Mitspieler müssen jetzt der Reihe nach ein Wort sagen, das mit diesem Buchstaben beginnt.
Zum Beispiel mit „M“:
Montag, Mutter, Milch, Mohrrübe, Malheft usw.
In einer weiteren Spielrunde kann man sich absprechen, dass neben dem Buchstaben bestimmte Bereiche benannt werden.
Zum Beispiel „Alles, was man essen kann mit ‚M‘“:
Möhren, Makkaroni, Marmelade, Milchreis usw.

## Eine ABC-Geschichte erzählen

Auch in diesem Spiel ist das ABC versteckt. Das erste Kind beginnt eine Geschichte zu erzählen, in der die ersten drei Buchstaben eine Rolle spielen:
„Es war einmal ein Mann, der hieß **A**ndreas. Der stieg auf einen **B**erg, da begegnete ihm die schöne **C**hristine ..."
Nun muss das nächste Kind die Geschichte fortführen, und zwar mit einem Wort, das mit **D** anfängt, dann benutzt es Wörter mit **E** und **F**. Alle bemühen sich, die Geschichte bis zum letzten Buchstaben des Alphabets voranzubringen und zu beenden. Vielleicht kann sie am Ende einer richtig wiederholen?

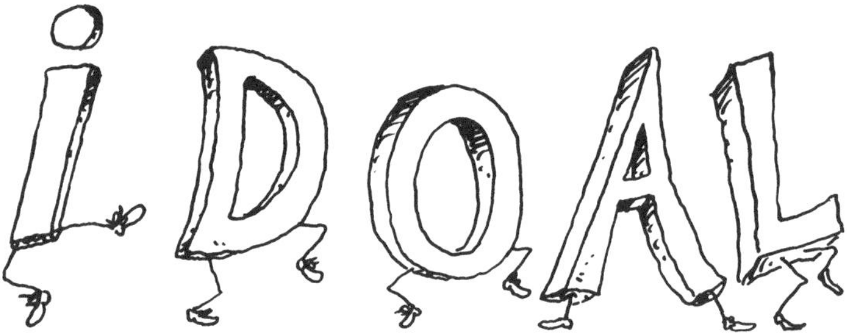


## Immer zu dreien

Jeder nennt im Verlauf dieses Spiels einen Begriff, der mit A beginnt und nun vom nächsten Mitspieler mit B und C beginnend ausgesprochen werden muss, zum Beispiel:
Das erste Kind sagt: „Eine **A**-meise ..." Das zweite fährt fort: „... eine **B**-meise, eine **C**-meise", usw.
Eines könnte auch so beginnen: „Ein **A**-horn, ein **B**-horn, ein **C**-horn", usw. Oder so: „Ein **A**-braham, ein **B**-braham, ein **C**-braham", usw. Das gibt viel Spaß! Wer keine Dreier-Wortgruppe findet, muss ein Pfand geben.

## Seltsame Namen

Einer aus der Spielrunde beginnt zu erzählen:
„Es war einmal eine Familie, deren Kinder hatten gar seltsame Namen. Das erste hieß A, das zweite hieß E, das dritte hieß I, das vierte hieß O und das fünfte hieß U. Wenn sie zum Essen kommen sollten, rief die Mutter:
‚A, E, I, O, U, reinkommen zum Essen!‘ Dann fragten die Kinder stets: ‚Was gibt es denn Gutes?‘
A aß nämlich am liebsten Apfelmus,
E aß am liebsten Erdbeereis,
I aß am liebsten Irgendwas,
O aß am liebsten Obstsalat,
U aß am liebsten Ungekochtes.“

Die Kinder setzen diese Geschichte nun fort und erfinden für die A, E, I, O, U neue Eigenschaften und Tätigkeiten, andere Abenteuer. Diese beginnen für jeden mit dem entsprechenden Anfangsvokal bzw. Buchstaben. Nach und nach entstehen so ganz lustige Geschichten.

## Das Märchen-ABC

A schenputtel
B rüderchen und Schwesterchen
C inderella
D…
E…
F…

## Anna aus Arnstadt

Jetzt wird es schwerer, denn es müssen ein Name, eine Stadt oder ein kleinerer Ort, eine Ware und wieder eine Ortsangabe mit gleichem Anfangsbuchstaben gefunden werden, die in einem Zusammenhang stehen. Ein Mitspieler beginnt: „Ich heiße **A**nna, komme aus **A**rnstadt, handele mit **A**pfelsinen und fahre nach **A**ugsburg."

Dann wirft er einem anderen aus der Spielrunde ein Tuch zu und nun muss dieser einen Satz mit vier B-Wörtern bilden und das möglichst schnell.

„Ich heiße **B**irgit, komme aus **B**erlin, handele mit **B**lumen und fahre nach **B**lankenburg."

Der Nächste ist nun mit C-Wörtern dran usw. Wer nicht aufpasst oder falsche Buchstaben wählt, gibt ein Pfand.

## Immer andere Vokale am Anfang

In diesem Spiel gilt es, kurze, aber sehr witzige Sätze zu bilden, deren Wörter mit folgenden Vokalen beginnen:

A, E, I, O, U.

Die Reihenfolge kann wechseln im Verlauf des Spiels.

„Andi erntet immer Opas Unterhemden."

„Elke angelt im oberen Uhrenkasten."

„Im Ofen aalt sich ein Ungeheuer."

Man kann die Sätze reihum sprechen oder auch von jedem Mitspieler aufschreiben und dann vorlesen lassen.

## Die Doppelten in der Mitte

Für dieses Spiel legen wir Stifte und Schreibpapier bereit. Jeder Mitspieler soll auf ein Startzeichen die Doppelkonsonanten: nn – ff – pp – ll – tt auf die oberste Zeile seines Blattes schreiben, so schnell er kann, zum Beispiel:

| nn | ff | pp | ll | tt |
|---|---|---|---|---|
| Kanne<br>Henne | Kaffee<br>Koffer | Pappel<br>Hippie | Teller<br>Keller | Butter<br>Futter |

In etwa zwei Minuten soll jeder in diese Spalten möglichst viele Wörter mit Doppelkonsonanten in der Mitte schreiben. Sagt der Spielleiter: „Stopp!", muss jeder seinen Stift weglegen. Alle kontrollieren sich gegenseitig, ob alle Wörter richtig geschrieben und eingetragen wurden. Sieger wird, wer die meisten Wörter gefunden hat.
Man kann die Wörter auch verbinden und während des Vorlesens lustige Sätze bilden: „Die Henne im Koffer des Hippies suchte im Keller nach Futter … "

## Wörterbuch kleben

In ein Schulheft wird auf jede Seite ein Buchstabe des Alphabets, einmal als Druckbuchstabe – einmal in Schreibschrift geschrieben. Das Kind schneidet nun aus alten Illustrierten, Werbekatalogen Abbildungen aus, die zu einem Buchstaben des ABC passen, und klebt sie entsprechend ein. Zum Beispiel:

A a (Bild: Affe)
B b (Bild: Baum)
C c (Bild: Campingwagen oder -ausrüstung)
D d (Bild: Decke, Deckel …)
E e (Bild: Eimer, Esel … )

Bei Schulanfängern beginnt man damit, die Buchstaben einzutragen, die die Kinder bereits kennen gelernt haben. Man kann auch Zeilen vorsehen, auf denen die Bilder später beschriftet werden können. Das Sammeln und Einkleben der Bilder in das „Wörterbuch“ kann sich über mehrere Tage erstrecken.

## Zehn Buchstaben raten

Ein Spiel, das bereits zwei Kinder miteinander spielen können. Jedes Kind schreibt – für das andere nicht sichtbar – ein Wort mit zehn Buchstaben auf einen Zettel. Über die einzelnen Buchstaben schreibt es die Zahlen von 1 bis 10 (oder auch weitere).

| | | | | | | | | | |
|---|---|---|---|---|---|---|---|---|---|
| 1 | 2 | 3 | 4 | 5 | 6 | 7 | 8 | 9 | 10 |
| S | c | h | u | l | m | a | p | p | e |

Danach fragt nun immer abwechselnd einer den anderen, ob er einen bestimmten Buchstaben in seinem Wort hat. Hat er einen der vorhandenen Buchstaben genannt, so muss der andere ihm auch sagen, unter welcher Zahl dieser bei ihm steht. Dann trägt der Fragende diesen Buchstaben in die unterste Spalte seines Zettels ein. Bald hat jeder das Wort des anderen auf seinem Zettel. Wer hat das Wort des anderen schon erraten, bevor es vollständig ist?

| | | | | | | | | | |
|---|---|---|---|---|---|---|---|---|---|
| 1 | 2 | 3 | 4 | 5 | 6 | 7 | 8 | 9 | 10 |
| B | u | n | t | s | t | i | f | t | e |
| S | c | h | u | l | m | a | p | p | e |

| | | | | | | | | | |
|---|---|---|---|---|---|---|---|---|---|
| 1 | 2 | 3 | 4 | 5 | 6 | 7 | 8 | 9 | 10 |
| S | c | h | u | l | m | a | p | p | e |
| B | u | n | t | s | t | i | f | t | e |

## Versteckte Zahlen suchen

Wir suchen Wörter, in denen Zahlen versteckt sind. Am leichtesten sind natürlich die, die mit einer Zahl beginnen, zum Beispiel: Dreirad. Die Zahl kann aber auch im Wort versteckt sein. Ein Zahlwort wie zum Beispiel Hundert u. Ä. sollte es allerdings nicht sein. Aber Eigenschaftswörter und Tätigkeitswörter lassen wir auch gelten.

Beispiele:
eins: einsam, Einstieg …
zwei: Zweiglein, zweifeln …
drei: Dreirad, Dreierlei …
vier: Viererbob, Vierkantholz …
fünf: Fünfuhrtee …
sechs: Sechstagerennen, Sechseck …
sieben: Siebenschläfer …
acht: Pracht, verachten …
neun: Neunmalklug …
zehn: …

Weil es ja ein Spiel ist, kann man auch ganz neue Wörter erfinden.

## Vornamen finden

Ein Mitspieler nennt einen Vornamen, zum Beispiel „Andreas“. Die Buchstaben dieses Namens werden – wie bei „Stadt, Land, Name“ – einzeln in die obere Spalte eines Zettels geschrieben, mit genügend Abstand zwischen den einzelnen Buchstaben. In der nächsten Runde müssen dann zu jedem Buchstaben weitere Vornamen gefunden und unter dem jeweiligen Buchstaben eingetragen werden.

| A | N | D | R | E | A | S |
|---|---|---|---|---|---|---|
| Anna | Nora | Dirk | Rolf | Elke | Alexander | Stefan |
| Alf | Nina | Diana | Rita | Eike | Arne | Suse |

Nach einigen Minuten sagt der Spielleiter: „Stopp!“, und alle legen den Bleistift weg. Dann zählt jeder, wie viele Vornamen er gefunden hat. Wer hat die meisten? Wer hat die ungewöhnlichsten Namen gefunden?

# Silben erkennen

## Wie oft kannst du klatschen?

Was Silben sind, kann man auch im Spiel lernen und üben, indem man beim Skandieren der Wörter in die Hände klatscht oder auf ein Tamburin schlägt. Auch Bewegungen im Silbenmaß sind in Spielen gefordert.

## Namen klatschen

Jeder sagt seinen Namen: in der ersten Runde den Vornamen und in der zweiten Runde den Nachnamen. Ein Erwachsener spricht ihn, indem er die Silben gut betont, nach und schlägt dazu auf ein Tamburin. Die Kinder klatschen ebenso oft in die Hände.
Zum Beispiel:
Peter (Pe-ter = 2-mal)
Anneliese (An-ne-lie-se = 4-mal)
Marius (Ma-ri-us = 3-mal)
Haben die Kinder das Prinzip verstanden und die Silbentrennung begriffen, können nun auch die schwierigeren Nachnamen skandiert werden, dazu wird geklatscht oder auf das Tamburin geklopft.
Peter Müller (Pe-ter Mül-ler = 4-mal)
Anneliese Rotfuchs … Marius Häberlein … usw.

## Kaffeereim klatschen

Meine Mi-, meine Ma-,
meine Mutter schickt mich her,
ob der Ki-, ob der Ka-,
ob der Kuchen fertig wär.
Wenn er ni-, wenn er na-,
wenn er noch nicht fertig wär,
käm ich mi-, käm ich ma-,
käm ich morgen wieder her.

Bei jeder Silbe klatschen sich die Kinder, die einander gegenüberstehen, gegenseitig in die Hände. Das kann mit beiden Händen oder abwechselnd mit der rechten oder linken Hand geschehen. Auch Abzählreime kann man so in Silben sprechen und als Handklappspiel spielen.

## Wörter fangen

Der Spielleiter greift mit einer Hand in die Luft, als ob er etwas fangen wollte, und sagt dazu eine Silbe, zum Beispiel: „Das ist die Tas…“ Dann greift er mit der anderen Hand in die Luft und sagt: „… und das ist die se.“ Nun hält er die geschlossenen Fäuste nebeneinander und fragt: „Was habe ich gefangen?“ Die Kinder müssen antworten: „Eine Tasse!“
Haben nun alle nach einigen Wiederholungen das Spielprinzip erfasst, können sie einzeln Wörter fangen, die dann die anderen Kinder erraten müssen.
(Das Silben-Erkennen kann beim Spiel „Namen klatschen“ auf Seite 147 vorbereitet werden.)

# Suche das Ding mit dem kürzeren Namen!

Wie oft kannst du bei jeder Abbildung klatschen?
Bei „Ball“ kannst du nur einmal klatschen, es hat nur eine Silbe. Bei „Federball“ aber sind es drei Silben, ebenso oft kannst du klatschen. Der Ball ist somit das Ding mit dem kürzeren Namen. Nun suche in jeder Zeile das Ding mit dem kürzeren Namen!

## Suche einen Gegenstand, damit das Wort länger wird!

Wie oft kannst du bei jeder Abbildung klatschen?
Wer ein Wort verlängert, kann öfter klatschen. Aus den „Blumen“ wird deshalb ein „Blumentopf“. Und wie oft kannst du dann klatschen?

## Mutter, darf ich reisen?

In diesem Spiel bewegen sich die Kinder entsprechend den gesprochenen Wörtern (Silben) vorwärts. Dazu wird ein Dialog gesprochen.

Die Mitspieler stehen hintereinander an einer Linie. Etwa 10 bis 15 Meter entfernt steht ihnen ein Kind, die „Mutter“, gegenüber.

Der erste Spieler fragt:

„Mutter, darf ich reisen?“

Die „Mutter“ kann die Reise erlauben („Ja!“) oder nicht („Nein!“), dann muss der nächste Spieler fragen. Erlaubt sie aber die Reise, so wird weitergefragt:

„Wohin darf ich reisen?“

Die „Mutter“ nennt ein Reiseziel, zum Beispiel einen Ort, eine Person, bei größeren Kindern auch ein Land oder Fantasieorte:

„nach Honolulu“ oder „zu Tante Paula“, „nach Potsdam“ u. Ä.

Der Spieler fragt weiter:

„Wie soll ich reisen?“

Die „Mutter“ entscheidet die Bewegungsform: „mit Zwergenschritten“ oder „mit Riesenschritten“, „hüpfen“, „trippeln“ u. Ä.

Jetzt kann der Spieler endlich starten, indem er laut und in Silben das Reiseziel spricht und entsprechende Schritte nach vorn macht. Dann markiert er seinen neuen Standort.

Der Nächste beginnt das Frage-und-Antwortspiel von neuem.

Wer zuerst bei der „Mutter“ angelangt ist, wird Sieger oder die neue „Mutter“.

Es kann auch gefragt werden: „Wann darf ich reisen?“ (Wochentage, Monatsnamen, Uhrzeit werden genannt.)

# Silbenrätsel

Erika Schirmer

## Was gibt es bei der Gemüsefrau zu kaufen?

Erika Schirmer

To…
Gur…
Ra …
Zwie…
Äpf…
Bir…
Melo…
Apfel…

Bir
nen
Äpfel
ken
Ra
dies
chen
Gur
Melo
ma
nen
beln
Äpf
ten
To
sinen
Zwie
el

# So ein Durcheinander im Spielzeugschrank!

Erika Schirmer

Pup…
Au…
Ted…
Bunt…
Bü…
Bau…

# Was hat Sven denn nur alles gegessen?

Bo…
M…
T…
Sch…
Su…
So…
K…
B…
N…
P…

Nun stöhnt Sven: „Au, mir ist ja so schlecht!“

# Geheimsprachen

Diese Sprachen verstehen nur Kinder, die in die Regeln eingeweiht wurden. Gewöhnlich verabredet man eine solche „geheime“ Sprache nur mit Freundinnen und Freunden, damit man sich untereinander verständigen kann, ohne dass Uneingeweihte es verstehen. Es sei denn, sie kommen hinter die Regel, „knacken den Code“ – das heißt, sie entschlüsseln die Bedeutung der Wörter oder Ziffern. Aber dafür gibt es ja mehrere „Geheimsprachen“!

## Die Duhudefu-Sprache

Am einfachsten ist es, an jede Silbe eines jeden Wortes etwas anzuhängen. Zum Beispiel wie folgt:
„Du-hudefu bist-istefist doof-oftefof!“

## Die B-Sprache

Auch diese Geheimsprache ist leicht zu erlernen. Jedem Wort wird nach einem Selbstlaut ein B mit dem Vokal eingefügt, der vorangestellte Selbstlaut also wiederholt. „Dubu bibist dooboof“ heißt es dann. Das kann man ganz schnell sprechen, sodass es nur die „Eingeweihten“ verstehen.
Am besten, man schreibt erst einmal einige Sätze in der Geheimsprache auf, bevor man sie anwendet oder dem Freund anvertraut.
Dabas kabann sebehr lubustibig weberdeben!
(An Stelle des B kann auch das R oder W eingefügt werden!)

## Chinesisch sprechen

Die Chinesen kennen kein R in ihrer Sprache. Sie behelfen sich mit dem L, wenn sie in einer Fremdsprache ein R sprechen müssen. Kindern macht es großen Spaß, wenn sie auf diese Art und Weise ein bisschen „chinesisch splechen dülfen“. Wel kann am längsten ohne Fehlel splechen? Del ist Siegel!

## Die Dulefu-Sprache

In gleicher Weise kann man auch an jede Silbe eines Wortes die Buchstaben „lefu“ anhängen und sagen:
„Du-lefu bi-lefust du-lefumm“.

## Blumento-Pferde

Fast wie eine Geheimsprache klingt es auch, wenn man Wörter falsch betont, dabei lange Selbstlaute kurz und kurze lang ausspricht. Aus „Blumentopferde“ können bei falscher Betonung dann die „Blumento-Pferde“ werden, die kein Zoodirektor oder Pferdezüchter kennt.
Versucht einmal, folgende Wörter vorzulesen und zu deuten, die wir mit falscher Betonung geschrieben haben:

Die Kurante bissi indi Verti Fung Fil.
(Die Kuh rannte, bis sie in die Vertiefung fiel.)

Erasmus Aalassie
(Er aß Mus, Aal aß sie.)

Dikurentum seerum
(Die Kuh rennt um See rum.)

Carl asap felkerne
(Carl aß Apfelkerne.)

Mute runda nel is
(Mutter und Annelies)

Apothekenla denschel le
(Apothekenladenschelle)

Uhren kelchen
(Urenkelchen)

Versucht selbst einmal solche Wörter zu finden.

# Zahlencodes – Codierte Buchstaben

Mit Zahlen und Buchstaben kann man sich eine ganz „sichere Geheimsprache“ ausdenken. Dafür muss man sich einen Code ausdenken – ein System, mit dem man die geheime Botschaft verschlüsseln kann. Das können zum Beispiel Ziffern sein, die jeweils für einen Buchstaben in der Reihenfolge des Alphabets stehen, zum Beispiel:

A B C D E F G H I J K L M N O P Q R S T U V W X Y Z
1 2 3 4 5 6 7 8 9 10 usw.

Bekommt man dann einen Zettel mit einer Botschaft, so weiß man gleich, was los ist: „9-3-8 12-9-5-2-5 4-9-3-8!“
Selbst die Lehrerin bekommt nicht heraus, was da steht!
(Ich liebe dich!) Deshalb schickt gleich die Antwort zurück:
„9-3-8 4-9-3-8 1-21-3-8!“

# Wörter finden – Wörter bilden

## Ich sehe etwas, was du nicht siehst

„Ich sehe etwas, was du nicht siehst …“
Ein Mitspieler schaut sich im Zimmer (im Auto, im Zugabteil, auf der Wiese o. Ä.) um und wählt einen Gegenstand, der auch für die anderen sichtbar ist. Dann teilt er – ohne den Gegenstand anzusehen oder zu nennen – ein Merkmal desselben mit und sagt: „Ich sehe etwas, was du nicht siehst, und das sieht grün aus“ (oder eine andere Eigenschaft wie dick, groß, eckig, rund usw.). Alle beginnen nun zu raten. Der Spieler darf nicht auf den erwählten Gegenstand schauen, um ihn nicht zu verraten. Wer den Gegenstand herausbekommen hat, stellt eine neue Aufgabe.
Es kann auch nach Blumen, Materialien (ist es aus Holz, ist es aus Stoff …?) oder nach dem Verwendungszweck gefragt werden (kann man es essen, kann man damit spielen, daran riechen?).

## Überlege schnell!

Ein Kind wirft einem anderen ein Tuch zu und nennt dabei eine Farbe, zum Beispiel „Blau“. Das Kind, dem das Tuch zugeworfen wurde, muss nun schnell eine Blume oder eine Pflanze nennen, deren Farbe blau ist (die Bereiche werden vor dem Spiel verabredet). Findet es eine blaue Blume, zum Beispiel „Kornblume“, so nennt es danach eine andere Farbe: „Grün“, und wirft das Tuch dem nächsten Mitspieler zu. Dieser sagt schnell: „Gras“, und ruft die neue Farbe aus usw.
Man kann sich vor dem Spiel auch auf andere Fragen einigen, zum Beispiel auf Tätigkeiten und Berufe. Dann ruft einer die Tätigkeit „kochen“, der andere fängt das Tuch und ruft den Beruf „Koch/Köchin“.

## Bei uns zu Hause

Auf Spaziergängen oder langen Autofahrten kann man das folgende Spiel spielen und dabei das Gedächtnis trainieren und den Wortschatz bereichern. Einer stellt dem anderen Fragen, die sich auf die vertraute Umgebung und Wohnung beziehen, zum Beispiel:
„Welche Farbe hat der Lampenschirm im Wohnzimmer?“
„Wohin zeigt die Türklinke an der Haustür, nach rechts oder nach links?“
„Welche Farbe hat die Gardine im Schlafzimmer?“
„Welche Blumen blühen auf unserem Balkon?“
„Welche Blumen im Vorgarten blühen weiß?“
Zu Hause angekommen, kann dann alles geprüft werden.
Wer kannte sich am besten aus? Wer fand die treffendsten Bezeichnungen dafür?

## Wie kommt Kasper?

Man wirft einem der Mitspieler ein Tuch zu und sagt: „Kasper kommt!" Dieser wirft es weiter und fragt dabei: „Wie kommt Kasper?" Der befragte Mitspieler muss nun rasch mit einem Eigenschaftswort antworten, zum Beispiel: „Kasper kommt schnell!"

Das Tuch wird einem anderen zugeworfen und gefragt: „Was tut Kasper schnell?" Jetzt muss mit einem Tätigkeitswort geantwortet werden: „Kasper rennt schnell!"

Wer kein Wort findet, der kann auch mit einer Bewegung antworten und sie vorführen. Wer nicht aufpasst, zahlt ein Pfand. Bei den Wiederholungen kann das Spieltempo immer mehr beschleunigt werden, denn dabei verhaspelt sich der eine oder andere und das macht Spaß.

## Alt ist nicht neu ...

Wörter mit entgegengesetzter Bedeutung zu finden, macht viel Spaß und ist spannend, wenn man viele Adjektive kennt und das Zuordnungsprinzip begriffen hat. Mit folgenden Reimen können wir uns darauf einstimmen.

Eins, zwei, drei,
alt ist nicht neu,
neu ist nicht alt,
warm ist nicht kalt,
kalt ist nicht warm,
reich ist nicht arm.

Eins, zwei, drei,
alt ist nicht neu,
arm ist nicht reich,
hart ist nicht weich,
frisch ist nicht faul,
Ochs ist kein Gaul.

Eins, zwei, drei,
alt ist nicht neu,
sauer ist nicht süß,
Händ' sind keine Füß',
Füß' sind keine Händ',
's Lied hat nun ein End'.

Diese Kettenreime, in denen immer eine Aussage im Gegensatz zur anderen steht, gefallen den Kindern bestimmt, und nach einigen Wiederholungen haben sie diese erlernt.
Jetzt kann einer beginnen: „Sauer ist nicht süß ...", und ein anderer fährt schnell fort „... süß ist nicht sauer!" Die nächste Runde beginnt vielleicht so: „Dick ist nicht dünn ...", und so fort.

## Finde das Gegenteil!

Für viele Dinge gibt es Gegensätze, die in diesem Spiel schnell gefunden werden müssen. Ein Kind beginnt. Es hat ein geknotetes Tuch in der Hand und sagt:
„Ich habe ein dickes Buch. Suche das Gegenteil!“
Damit wirft es das Tuch einem aus der Spielrunde zu, der es fangen und das Gegenteil sagen muss: „… ein dünnes Buch!“
Gelingt es ihm, so darf er den neuen Satz sagen und das Tuch weiterwerfen. Gegenteile könnte man zum Beispiel zu Folgendem suchen lassen:

ein nasser Lappen
ein großer Hund
ein helles Zimmer

oder auch nur einzelne Wörter vorgeben:

hell (dunkel)
laut (leise)
schön (hässlich)
traurig (lustig)
lang (kurz)
breit (schmal)
hoch (tief)
eckig (rund)
dick (dünn)
kalt (heiß)
hart (weich)
klug (dumm)
albern …
faul …
lebhaft …

Wer zu lange überlegt, gibt ein Pfand oder muss das Tuch schnell dem Fragenden zurückwerfen.

## Frau Buntrock

Ähnlich wie das Spiel „Schnapp hat den Hut verloren“ kann man auch „Frau Buntrock“ spielen. Die Mitspieler erhalten zu Beginn an Stelle der Zahlen aber die Namen von Farben; sie heißen also Frau Grün, Herr Blau, Frau Gelb usw. oder Frau Grünrock, Herr Schwarzrock o. Ä. Wenn mehr Mitspieler da sind als Farben, kann jemand auch „Buntrock“ oder „Lilagrün“ heißen.
Einer beginnt, wirft das Tuch und ruft:
„Frau Buntrock!“
Diese antwortet: „Was ich?“
„Ja, Sie!“
„Nein, ich nicht! Herr Grünrock bekommt es!“ Dieser fängt das Tuch und versucht, es schnell weiterzubefördern. Wer dabei trödelt, muss ein Pfand geben.
Man kann das Spiel natürlich auch ohne Tuch als reines Sprechspiel spielen, dann wird am Anfang gesagt: „Frau Buntrock hat das Tuch!“ Diese sagt: „Nein, ich hab es nicht, Herr Rotrock hat es!“ Alles sollte in schnellem Tempo erfolgen.

# Wortketten und Kreuzwörter

## Wörterpuzzle

Schnecken | Haus | Schuh | Sohlen

Streusel | Nadel | Kuchen | Baum

Post | Schrank | Kutsche | Kleider

Garten | Kinder | Blumen | Erde

Setze die Wörter wieder zusammen, es können auch drei Wörter zu einem Puzzle gehören. Wie viele hast du gefunden?

# Wortschlangenhaus

## Stille Post – oder Telegramm aufgeben

Ein Kind denkt sich ein Wort aus und flüstert es seinem rechten Nachbarn ins Ohr, der es nun schnell seinem rechts sitzenden Nachbarn weitersagt – so, wie er es verstanden hat. Das Wort muss deutlich, aber leise geflüstert werden; dabei gibt es natürlich jede Menge Missverständnisse. Das wird offenbar, wenn der letzte Mitspieler laut sagt, was er verstanden hat.

In der nächsten Runde kann man ein schwieriges Wort wählen oder einen Satz, ein Telegramm durchgeben, zum Beispiel: „Komm zum Bahnhof: Mäuseklein!" Bei einem Spiel kam einmal dabei heraus: „Herr Hof ging Mäuse klaun!"

Man kann vereinbaren, dass jedes auf die Reise geschickte Wort vorher dem Spielleiter ins Ohr geflüstert wird, denn manche Kinder vergessen es im Eifer des Spielens oft ganz.

## Kettenwortschlange

Alle sitzen im Kreis und überlegen sich Hauptwörter aller Art. Dann werfen sie sich gegenseitig einen Plumpsack zu (geknotetes Taschentuch). Der Erste nennt ein Hauptwort, zum Beispiel „Haus“, und wirft den Plumpsack einem anderen zu. Dieser muss an das Wort „Haus“ nun ein ergänzendes Substantiv hängen, zum Beispiel „Haustür“. Das Ergänzungswort „Tür“ wird nun der Anfang des neuen Wortes, das der nächste Mitspieler ergänzt: „Tür-Schloss“. Und so geht es weiter, bis eine richtige Wortkette oder Wortschlange entstanden ist: „Haus-Tür-Schloss-Berg-Weg-Weiser …“
Wer kein passendes Substantiv findet, muss stehend weiterspielen oder ein Pfand geben. Wer die Wortkette am Ende noch richtig aufsagen kann und noch sitzen darf, ist Sieger.

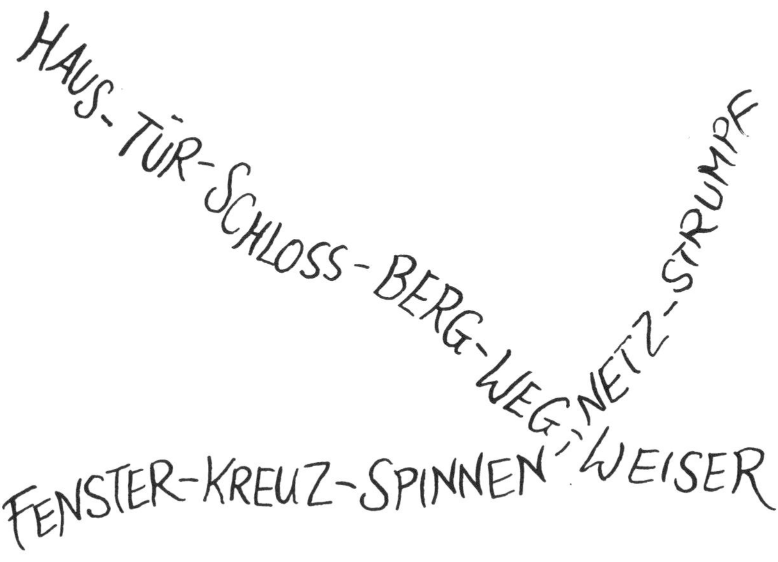

## Nur nicht Schluss machen!

In diesem Spiel werden die Buchstaben erst zu einem Kettenwort zusammengesetzt. Einer fängt an und sagt oder schreibt auf ein Blatt Papier einen Buchstaben, zum Beispiel „K". Der Reihe nach muss nun jeder Mitspieler einen oder zwei Buchstaben anhängen. So könnte danach „KI…" stehen, der Nächste macht „KIN…" daraus, der Folgende „KIND…" Damit könnte man schon Schluss machen, denn es ist ja ein Wort entstanden, aber eben nur eines! Deshalb schreibt der letzte Mitspieler besser „KINDE…" Nun geht es weiter: „KINDERW…" usw. Aber einmal ist Schluss, denn wer soll ein Wort wie „KINDERWAGENSPEICHENFETTNAPF…" noch lesen können?

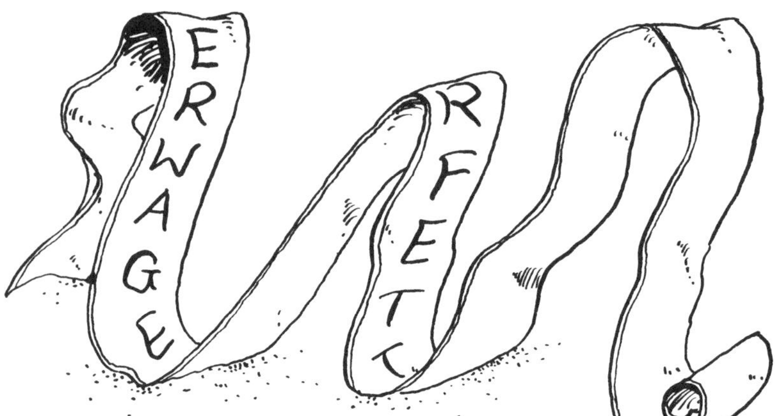

## Koffer packen

Jetzt zeigt sich, wer das beste Gedächtnis hat. Alle sitzen im Kreis, das Kofferpacken kann beginnen. Vater beginnt und sagt: „Ich packe meinen Ferienkoffer und lege eine Badehose hinein." Nun kommt Mutter dran, sie muss wiederholen, was bereits im Koffer ist: „Ich packe in meinen Koffer: eine Badehose und ein Badetuch!"
Die Kinder wiederholen die Reihenfolge und jedes packt noch ein Stück hinzu: eine Jogginghose, eine Zahnbürste, einen Ball usw. Anfangs kann man sich noch merken, was jeder eingepackt hat, indem man die Mitspieler anschaut und sich erinnert, aber schon in der zweiten Runde wird das schwierig! Macht einer einen Fehler, scheidet er aus (bei großer Teilnehmerzahl), muss aber von den anderen beim „Kofferpacken" stets mit genannt werden, also: „Ich packe in meinen Koffer die Zahnbürste, den Uwe, die Schuhe" usw. Wer hat am Ende das beste Gedächtnis?
Mit Schulkindern kann man auch folgende Variante spielen: Ein Kind beginnt das Spiel, indem es zum Beispiel eine Hose einpackt. Das nächste Kind muss nun auch einen Gegenstand mit H am Anfang einpacken, ein Hemd, einen Hut, ein Handtuch usw.

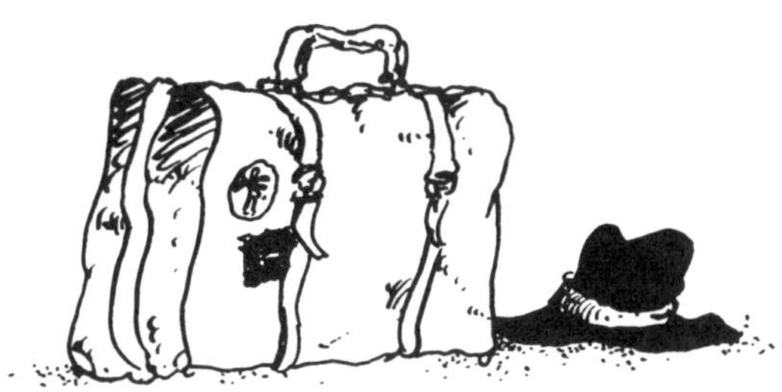

## Päckchen packen

Die Kleinen schicken der Oma ein Päckchen und packen hinein: Kuchen, Obst, einen Schal, ein Buch, ein gemaltes Bild usw. Die Reihenfolge darf nicht zu lang sein; man spielt nur ein bis zwei Runden, keiner scheidet aus. Die Kinder sollen ja den Spaß am Kettenwortspiel nicht gleich verlieren, sondern lernen, viele Wörter und Begriffe zu behalten.

## Einkauf im Supermarkt

Es wird wie beim „Kofferpacken“ gespielt, aber man legt nun Lebensmittel und andere Waren in den Einkaufswagen. Der Erste sagt: „Ich gehe in den Supermarkt einkaufen und lege Butter in meinen Einkaufswagen.“ Der Nächste legt Brot, Bonbons, Apfelsinen, Seife u. a. hinzu.

## Wem gehört der Koffer?

Ein Kind wird vor die Tür geschickt. Die anderen Mitspieler legen fest, für welches andere Kind im Kreis das draußen wartende Kind den „Koffer packen" soll. Vielleicht soll es der von Michael sein? Er trägt einen roten Pulli, eine schwarze Hose, weiße Turnschuhe, eine Brille. Diese Dinge werden durch Abfragen reihum ermittelt. Das Kind muss daran erkennen, für wen der „Koffer gepackt" wurde. Es muss sich also gut umschauen.
Variante: Das Kind denkt sich aus, für wen es den „Koffer packen" will, und zählt die Kleidungsstücke auf, ohne den Betreffenden anzusehen. Die anderen raten.

## Ananasbananensaft

Die fünf Vokale A, E, I, O, U stehen im Mittelpunkt dieses Schreibspieles, das in fünf Runden gespielt wird. Alle haben Papier und Stifte vor sich. Bei A schreibt jeder ein Wort auf, in dem dieser Buchstabe möglichst oft vorkommt. Fantasiegebilde sind erlaubt, zum Beispiel: Ananasbananensaft. Dann kommt der Buchstabe E dran, möglich wäre „Erdbeereis".
In der nächsten Runde ist I dran usw. Am Schluss werden die Wörter verglichen, die Vokale gezählt. Wer die meisten gefunden hat, ist Meister.
Statt einzelner Wörter kann man auch Sätze mit mehreren Wörtern, die mit A, E, I, O, U beginnen, aufschreiben lassen. Für A hieße es dann vielleicht: „Alexander lacht am Anfang", für E: „Elke geht Eis essen."

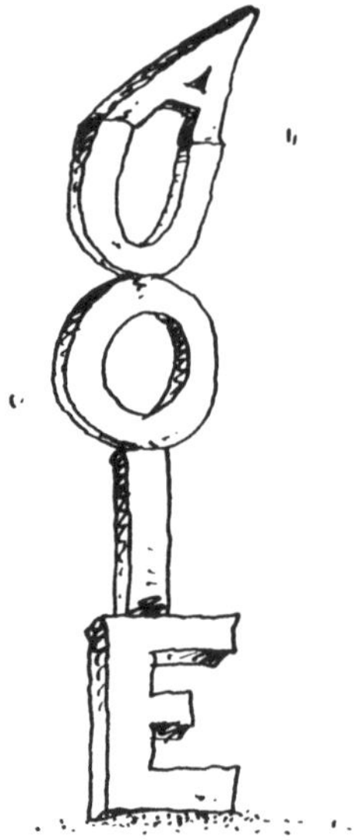

## Schafskopf

Es wird ähnlich wie „Kofferpacken“ gespielt, aber es werden keine Gegenstände eingepackt, sondern Schriftsteller, Romanhelden, Filmschauspieler oder Filmtitel. Das ist schon anspruchsvoller für die Mitspieler. Ein Kind sagt zum Beispiel: „Ich packe in meinen Koffer Mark Twain.“ Das nächste spielt weiter und fügt hinzu: „Mark Twain und Pippi Langstrumpf.“ Die Kette der Namen wird immer länger. Wer einen Fehler macht, einen Namen auslässt, wird nun als „Schafskopf“ mitgezählt. „Ich packe in meinen Koffer Mark Twain, Pippi Langstrumpf, Till Eulenspiegel, Schafskopf 1 und Heidi.“ Am Ende gibt es oft mehr Schafsköpfe aufzuzählen als Namen.

# Stadt – Land – Name

Dieses Spiel kann auch mit nur zwei Kindern gespielt werden, es gewinnt aber an Spannung je mehr Kinder mitspielen. Jeder erhält einen Zettel, der in sieben Spalten eingeteilt ist. In die Kopfleiste werden folgende Wörter eingetragen:

| Stadt | Land | Name | Beruf | Blume | Tier | Punkte |
|---|---|---|---|---|---|---|
| 5<br>Dresden | 10<br>Dänemark | 10<br>Dieter | 5<br>Drechsler | 0<br>– | 20<br>Dachs | 50 |

Jeder Mitspieler wartet gespannt auf das Startzeichen, das der Spielführer gibt, indem er ein Kind leise das ABC aufsagen lässt und plötzlich „Halt!“ ruft. Der Buchstabe, den dieses gerade genannt hat, gilt als Anfangsbuchstabe aller Wörter dieser Runde. Wer nun zum Beispiel keine Stadt zum genannten Buchstaben weiß, macht einen Strich in das Kästchen. Der Erste, der alle Begriffe gefunden hat, ruft: „Stopp!“ Jetzt darf keiner mehr schreiben! Der Erste liest seine Wörter vor, alle anderen vergleichen sie mit ihren und bewerten sie wie folgt:

- Ein Strich: 0 Punkte.
- Das gleiche Wort ist bei zwei und mehr Kindern zu finden: 5 Punkte.
- Das Wort ist nur einmal vorhanden: 10 Punkte.
- Ein Spieler hat als Einziger ein Wort zu dem Buchstaben gefunden: 20 Punkte.

Die Punkte werden über die Wörter geschrieben und am Ende addiert in der Spalte „Punkte“. Nach mehreren Spielrunden wird die Gesamtsumme addiert und so der Sieger ermittelt.

## Kreuzwörter suchen

Jeder schreibt auf seinen Zettel am linken Rand untereinander folgende Rubriken:

Tier
Pflanze
Name
Stadt

Nun einigt man sich auf ein kurzes Wort, in dem möglichst kein Buchstabe zweimal vorkommt, zum Beispiel „Nudel". Dieses Wort wird, die einzelnen Buchstaben weit auseinander gezogen, auf den oberen Rand des Zettels geschrieben. Unter jeden Buchstaben muss nun für jede Rubrik ein passendes Wort gefunden werden.

| | N | U | D | E | L |
|---|---|---|---|---|---|
| Tier: | Natter | Uhu | Dackel | Esel | Laus |
| Pflanze: | Nelke | Ulme | Distel | Eiche | Linde |
| Name: | Nina | Ute | Dirk | Eike | Lutz |
| Stadt: | Nürnberg | Ulm | Duisburg | Essen | Leipzig |

Wer alle Begriffe gefunden hat, ruft: „Halt!" Nun wird vorgelesen und verglichen. Für Wörter, die mehrere Kinder haben, gibt es 5 Punkte, für einmalig vorhandene 10 Punkte. Wer einen Strich machen musste, geht leer aus.
Das nächste Kreuzwort ist vielleicht „Apfelbaum", da heißt es mächtig überlegen!

## Gefüllte Kalbsbrust

Der Spielführer gibt zwei gleich lange Wörter bekannt. Die Kinder schreiben die Buchstaben der Wörter senkrecht – mit etwas Zwischenraum – auf einen Zettel (siehe Abbildung). Jeder versucht nun, die Lücke der einander gegenüberliegenden Buchstaben durch andere Buchstaben zu füllen und zu einem neuen Wort zusammenzufügen. Wer diese Aufgabe zuerst gelöst hat, wessen „Kalbsbrust“ gefüllt ist, darf „Stopp!“ rufen. Alle legen den Stift weg und es wird vorgelesen. Jedes Wort, das nur einmal geschrieben wurde, bringt 5 Punkte, gleiche Wörter dagegen nur 1 Punkt. Wer hat am Ende die meisten Punkte?

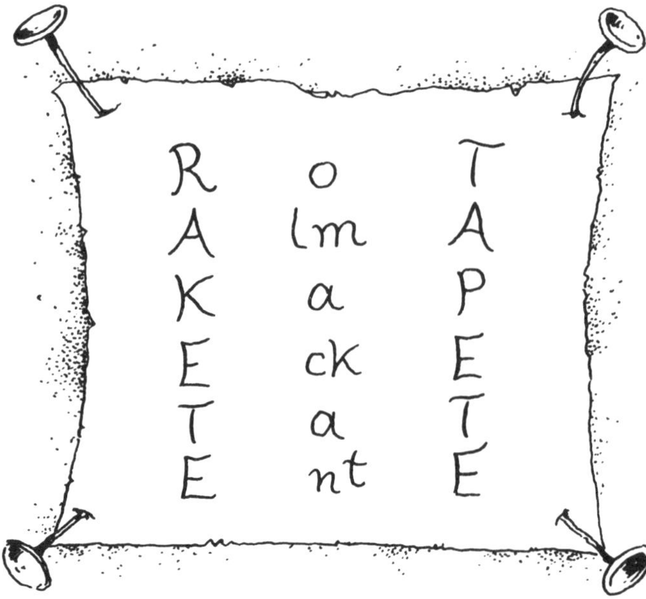

Man kann auch nur ein Wort verwenden, dessen Buchstaben einmal von oben nach unten und daneben von unten nach oben aufgeschrieben werden. Diese „Kalbsbrust“ zu füllen ist schon schwieriger!

## Dalli, Dalli!

Der Spielführer gibt ein Wort vor, einen Begriff o. Ä., zu dem alle anderen Mitspieler schnell möglichst viele dazugehörende Dinge oder Begriffe nennen müssen.
Er ruft zum Beispiel: „Märchen!"
Die Kinder überlegen und rufen dann schnell:
„Rotkäppchen, Schloss, Zauberer, Märchenbuch", usw.
Weitere Begriffe könnten sein:
Spielzeug: Ball, Puppe, Halma, Bausteine …
Auto: Garage, Lenkrad, Autoreifen, Panne …
Winter: Schlitten, Schnee, Handschuhe …
Fahrrad: Lenker, Spiegel, Luftpumpe, Klingel …
Jeder Begriff, jedes Ding darf nur einmal genannt werden.
Überlegen die Kinder zu lange, ruft der Spielführer öfter einmal:
„Dalli, Dalli!"
Wer ist am schnellsten beim Wörterfinden?

## Ist das richtig?

Erika Schirmer

Folgender Text wird auf eine Tafel geschrieben oder auf mehrere Zettel, die an die Kinder verteilt werden:

| | | |
|---|---|---|
| für den Schuster | – | die Kreide |
| für den Tischler | – | das Mehl |
| für den Bäcker | – | den Roller |
| für den Lehrer | – | das Leder |
| für den Vogel | – | das Holz |
| für das Pferd | – | die Farbe |
| für das Kind | – | den Hafer |
| für den Maler | – | das Nest |

Entweder ordnet man die Sätze nun gemeinsam durch Zurufe oder jedes Kind ordnet sie allein. Es schreibt die Sätze in richtiger Zuordnung neu auf oder zieht Linien von einem Satzanfang zum richtigen Satzende: „Für den Schuster das Leder", usw.

# Dem Schneider die Schere

Erika Schirmer

Man schreibt etwa zehn Namen von Werkzeugen und von Arbeitsgeräten auf Kärtchen. Auf zehn weitere Kärtchen schreibt man die dazu passenden Tätigkeiten.
Beispiele:

| | |
|---|---|
| Schere | schneiden |
| Nadel | nähen |
| Füller | schreiben |
| Bleistift | zeichnen |
| Pinsel | malen |
| Spaten | graben |
| Harke | harken |
| Hammer | hämmern |
| Beil | hacken |
| Säge | sägen |

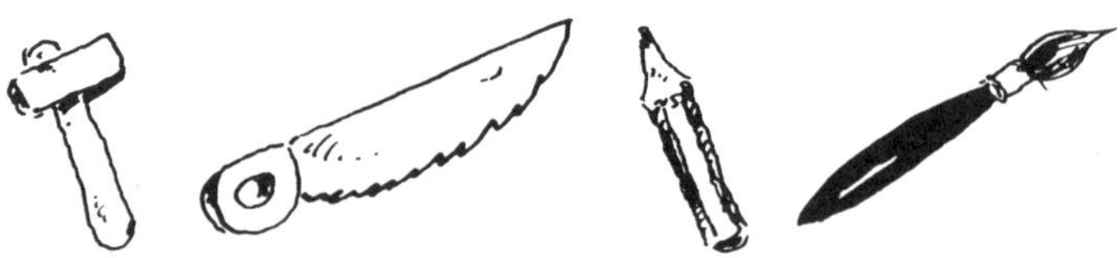

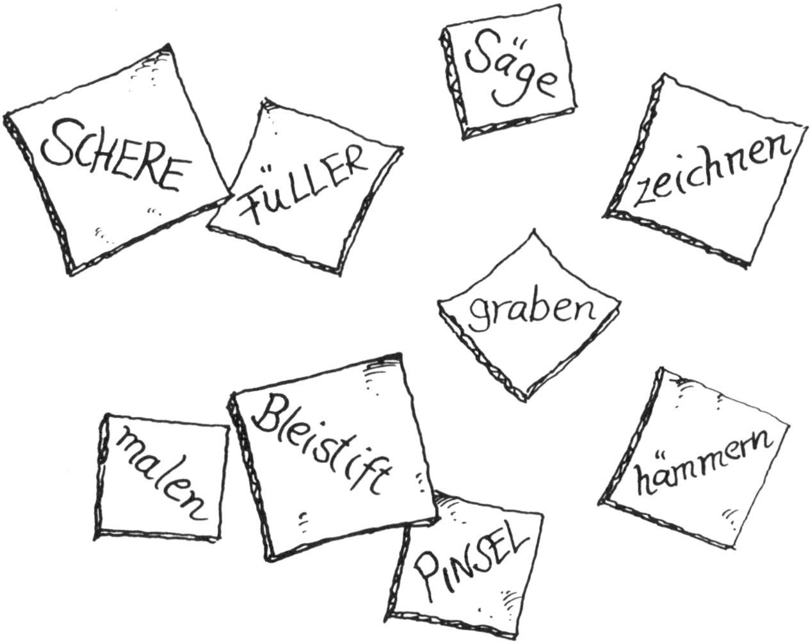


Die Karten werden gemischt und an zwei Kinder verteilt. Ein Kind legt die erste Karte aus und fragt: „Was gehört zusammen?“
Das andere Kind muss die passende Tätigkeit nennen oder zu dieser Karte das passende Werkzeug sagen und anlegen. Macht es dabei einen Fehler, darf das erste Kind die Karte behalten und erneut fragen. Ist die Lösung richtig, legt nun das andere Kind die Karte aus und fragt: „Was gehört zusammen?“ Das Spiel kann auch als Schreibspiel gespielt werden. Die Kinder schreiben dann die Lösung neben die Karte, die sie erhalten haben. Wer hat alles zuerst richtig zugeordnet?

## Wer weiß, in welchen Märchen diese Wörter gesagt werden?

Knusper, knusper … *(Hänsel und Gretel)*
Spieglein, Spieglein … *(Schneewittchen und die sieben Zwerge)*
Ruckediru, ruckediru … *(Aschenputtel)*
Heute back ich, morgen … *(Rumpelstilzchen)*
Ich sprang nur über Gräbelein … *(Tischlein deck dich)*
Kikeriki, die … *(Frau Holle)*
Weh, weh, Windchen … *(Die Gänsemagd)*

Bei den Redewendungen oder Versen muss sicher ein Erwachsener helfen, aber die Märchen kennt jedes Kind und kann dieses Spiel mit anderen Sprüchlein weiterspinnen.

## Teekesselraten

Zwei Mitspieler gehen hinaus oder stellen sich etwas abseits und verabreden ein Wort mit doppelter Bedeutung, zum Beispiel:
Birne (Obst und Glühbirne)
Bauer (Landwirt und Vogelbauer)
Harz (Gebirge und Ausfluss aus Baumrinden)
Beide kommen wieder in die Spielrunde und sagen, ihren Gegenstand beschreibend: „Mein Teekessel liegt in einer Landschaft." Der andere sagt: „Mein Teekessel fließt aus Bäumen." Sie beschreiben ihre „Teekessel" so lange, bis ein Mitspieler sie erkannt hat. Dieser darf sich einen Partner wählen und mit ihm einen neuen Begriff mit doppelter Bedeutung verabreden. Wenn einem ein Wort mit dreifacher Bedeutung einfällt, wie zum Beispiel „Kiel", können drei Kinder einen „Teekessel" zum Raten aufsetzen.

# Hast du Lust weiterzubacken?

Im Sandkuchen ist …

Im Zitronenkuchen sind …

Im Zwiebelkuchen sind …

Im Kartoffelkuchen sind …

Im Baumkuchen sind …

Im Hundekuchen sind …

Im Käsekuchen ist …

# Welches Wort passt zu beiden Dingen?

Erika Schirmer

## Löcher stopfen

Hier geht es nicht um zerrissene Strümpfe, sondern um „Wortlöcher", die zu füllen sind, zum Beispiel bei Sprichwörtern oder Redewendungen in Märchen.
Wer findet die richtigen Wörter?

Reden ist Silber, Schweigen ist … *(Gold)*
Eine … macht noch keinen Sommer. *(Schwalbe)*
Was der … nicht kennt, das isst er nicht. *(Bauer)*
Ein blindes Huhn findet … *(auch einmal ein Korn)*
Wer nicht … zur rechten Zeit, der muss …
*(kommt; sehen, was übrig bleibt)*

## Memory mit Wörtern

Immer zwei Spieler bilden eine Gruppe und spielen zusammen. Jeder Mitspieler erhält zehn gleich große Zettel (oder Kärtchen). Auf jeden Zettel schreibt er ein Wort, vielleicht ein Eigenschaftswort. Da immer zwei Wörter während des Spiels ein zusammengehöriges Paar bilden sollen, zum Beispiel

| Eigenschaften wie: | | | oder Substantive wie: | | |
|---|---|---|---|---|---|
| dick | – | dünn | Haus | – | Tür |
| langsam | – | schnell | Kleider | – | Schrank |
| hell | – | dunkel | Bonbon | – | Dose |
| süß | – | sauer | Dosen | – | Öffner |

muss man vor Spielbeginn eine Auswahl der Wortarten zusammentragen, die die Kinder dann auf die Zettel schreiben. Diese werden gemischt und verdeckt in Reihen nebeneinander auf dem Tisch ausgelegt. So kann sich beim „Memory“ dann jeder die Lage besser merken.
Reihum deckt nun jeder Mitspieler immer zwei Zettel auf. Passen die beiden Wörter zueinander, darf er die Zettel behalten. Passen sie aber nicht, so muss er sie wieder umdrehen und hinlegen. Ein anderer merkt sich vielleicht ihre Lage – das ist der Sinn des Spiels – und kann sicher seine zweite Karte schneller finden. Wer hat am Ende die meisten Wortpaare gefunden?

## Sprichwörterkuddelmuddel

Das Spiel bedarf einiger Vorbereitungen. Die Sprichwörter werden zunächst, wie unten dargestellt, aufgeschrieben, dann auseinander geschnitten und die dabei entstandenen Zettel in zwei Kästchen gelegt. In den ersten Kasten kommen die *Sprichwörteranfänge*, in den zweiten die *Sprichwörterenden*. Der Reihe nach werden die Zettel nun von den Mitspielern gezogen und vorgelesen. Ein beliebiger Mitspieler wird aufgerufen, das Sprichwort zu ergänzen bzw. in der richtigen Fassung aufzusagen. Das gelingt nicht immer gleich. Die Fehler geben Anlass zu fröhlichem Lachen.
Natürlich kann man vorher einige Beispiele „vorsagen", sich ein wenig über Sprichwörter unterhalten, ihre Bedeutung herausfinden.
Beispiele:
Morgenstunde …
… hat Gold im Munde.
Was du heute kannst besorgen …
… das verschiebe nicht auf morgen.
Ein blindes Huhn …
… findet auch einmal ein Korn.
Bei Nacht sind alle …
… Katzen grau.
Einem geschenkten Gaul …
… guckt man nicht ins Maul.
Vorsicht ist die Mutter …
… der Porzellankiste.
Wer andern eine Grube gräbt …
… fällt selbst hinein.
Er sieht den Wald …
… vor lauter Bäumen nicht.
Wer nicht kommt zur rechten Zeit …
… der muss sehen, was übrig bleibt.

Morgenstunde…
Wenn zwei sich streiten…
Ein blindes Huhn…
Bei Nacht sind alle…
ANFANG
findet auch mal ein Korn.
… Katzen grau.
hat Gold im Munde.
… freut sich der Dritte.
ENDE

# Lustige Sätze und Faltmännchenspiele

## Was bringt die Zeitung?

Immer zwei Kinder bekommen eine Seite einer Zeitung oder Werbeschrift und sollen daraus 10 bis 20 Wörter ausschneiden. Dann erfinden sie gemeinsam eine kleine Geschichte, in der sie die ausgeschnittenen Wörter verwenden können. Sie kleben sie auf und ergänzen fehlende Wörter mit Schreiben. Es soll eine lustige und spannende Geschichte werden; zu zweit geht es meist besser als allein.

Der erste Satz könnte zum Beispiel lauten:

„Gestern fand ich einen Schlüssel im Hausflur …“

Oder: „Lutz wurde einmal im Kaufhaus eingeschlossen …“

Sind alle mit ihrer Geschichte fertig, werden die kleinen Geschichten vorgelesen. Es können auch Meldungen, Aufrufe oder Steckbriefe auf diese Weise zusammengesetzt werden.

# Papa plätschert lustig in der Badewanne

Jeder erhält ein Blatt Papier, denkt sich einen lustigen Satz aus, schreibt aber nur den ersten Satzteil bzw. das erste Wort auf sein Blatt.

Jeder Satz soll vier Teile haben:

- Wer?
- Was tut er?
- Wie?
- Wo?

Nachdem das erste Wort des Satzes eingetragen ist, gibt jeder sein oben umgefaltetes Blatt an seinen rechten Nachbarn weiter. Auf das Blatt seines Nachbarn aber schreibt er in die zweite Spalte den zweiten Teil seines ausgedachten Satzes und so fort, bis der Satz komplett ist. Nach jeder Eintragung wird das „Faltmännchen" wieder umgefaltet und weitergegeben. Zuletzt falten alle das vor ihnen liegende „Faltmännchen" auf und lesen die lustigen Sätze laut vor – meist unter großem Gelächter der Zuhörer.

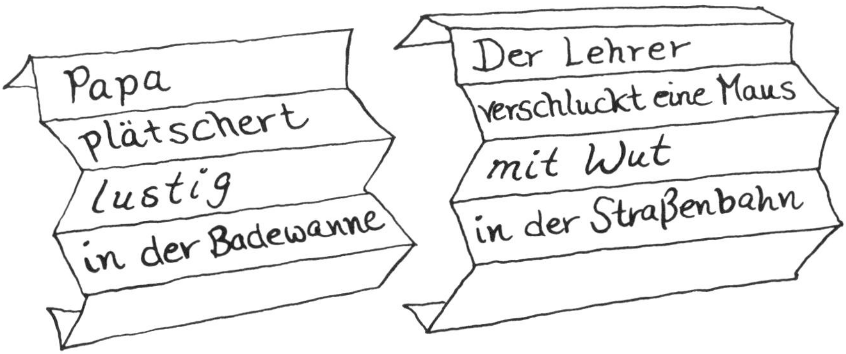

## Die Maus geht einkaufen!

Man teilt eine Postkarte oder weißen rechteckigen Karton in acht Felder. In jedes Feld wird ein Wort geschrieben. In jedem Kartensatz sollen Artikel, Substantive, Verben und Adjektive vorhanden sein, mit denen man einfache und lustige Sätze zusammenstellen kann.

| | | | |
|---|---|---|---|
| Das | Auto | fährt | schnell |
| Die | Maus | geht | einkaufen |

| | | | |
|---|---|---|---|
| Der | Teddy | leckt | Senf |
| Das | Nilpferd | raucht | Pfeife |

Auf einer in Felder eingeteilten Karte stehen also zwei Sätze mit insgesamt acht Wörtern. Man zerschneidet diese Karte so, dass jedes Wort einzeln steht. Die Kärtchen werden nun gemischt und verdeckt auf den Tisch gelegt. Einen Teil bekommen die Kinder, der Rest bleibt in der Tischmitte.

Das erste Kind beginnt und legt zum Beispiel das Kärtchen mit dem Wort „Maus“ aus. Das nächste muss versuchen, ein passendes Wort davor oder dahinter anzulegen. Die „… Maus … geht …“ Wer nichts findet – unpassende Karten werden wieder hingelegt – muss eine Strafkarte aus der Mitte nehmen. Passt dieses Wort auch nicht, kommt der nächste Mitspieler an die Reihe. Wer zuerst alle Wortkärtchen zu sinnvollen oder lustigen Sätzen auslegen konnte, hat das Spiel gewonnen.

## Anzeigen aufgeben

Jeder Mitspieler schreibt ganz oben auf einen Zettel den Namen eines Gegenstandes, von dem die Anzeige handeln soll. Dann wird der Zettel nach hinten umgefaltet, sodass der Nachbar, an den der Zettel weitergereicht wird, diesen nicht lesen kann.
Der Nachbar beschreibt nun Eigenschaften des Gegenstandes, den er aber gar nicht kennt, faltet den Zettel wieder nach hinten und gibt ihn weiter.
Der Nächste schreibt auf, was mit dem Gegenstand geschehen soll, zum Beispiel welche Tätigkeit er ausführen soll. Nun werden die Zettel alle aufgefaltet und vorgelesen. Natürlich gibt es viel zu lachen, denn nichts passt zusammen. Wer Lust hat, kann nachträglich die ulkigen Gegenstände zeichnen.

## Was machst du, wenn?

Jeder erhält wieder einen Zettel und schreibt oben in die erste Zeile eine lustige Frage, zum Beispiel:
„Was machst du, wenn dich ein Bär umarmt?“
Die Zeile mit der Frage wird nach hinten gefaltet und an den rechten Nachbarn weitergegeben. In der nächsten Runde hat nun jeder einen anderen Zettel, auf den er die Antwort schreibt, ihn umfaltet und weitergibt.
Dann erfolgt die nächste Frage mit „Was machst du, wenn …?“
Man sollte sich immer neue Fragen ausdenken, sonst macht das Spiel keinen Spaß. Am Schluss werden alle Zettel aufgerollt und vorgelesen. Das gibt ein fröhliches Gelächter!

Was machst du, wenn du in den Teich fällst?
*Ich streichle den Bären.*

Was machst du, wenn dich ein Bär umarmt?
*Ich hole eine Leiter.*

Was machst du, wenn Papa so laut schnarcht?
*Ich singe ihm ein Lied vor.*

## Wieso und weil

Wer dumme Fragen stellt, bekommt auch in diesem Spiel dumme Antworten durch das „Faltmännchen“ geliefert. Jeder Mitspieler schreibt oben auf seinen Zettel einen Fragesatz, der mit „Wieso?“ beginnt. Dann faltet er die Zeile mit der Frage nach hinten um und gibt den Zettel weiter. Der Nachbar schreibt – ohne nachzuschauen – in die nächste Zeile irgendeine Antwort, die mit „Weil“ beginnt. Danach geht das Spiel mit der Frage „Wieso?“ weiter. So geht das einige Runden. Am Schluss werden die „Faltmännchen“ geöffnet und vorgelesen. Das ergibt sehr lustige Begründungen.

Wieso ist die Banane krumm?
*Weil ich Jenny liebe!*

Wieso schnarcht Vati so laut?
*Weil du oft naschst!*

Wieso machst du noch ins Bett?
*Weil ich keine Banane habe!*

# Flaschendrehen

Alle sitzen im Kreis auf dem Boden. In der Mitte des Kreises wird eine leere Plastikflasche von einem Mitspieler gedreht. Dazu formuliert er rasch eine Frage:

„Flasche, Flasche, drehe dich,
sage mir, wer kommt immer zu spät zur Schule?"

Nun warten alle gespannt, auf wen der Flaschenhals zeigt, wenn die Flasche sich ausgetrudelt hat. Meist gibt es dabei lautes Hallo, aber auch Entrüstung und mit einem „Na, warte!" darf nun der so Gefoppte die Flasche erneut drehen.

Man muss sich nur für jeden Mitspieler die richtige Frage ausdenken, zum Beispiel:

„Wer nascht gern am Kuchen?" – „Wer sieht nachts noch Fernsehen?" – „Wer liebt Monika?" – „Wer hat nie Geld im Portmonee?" – „Wer fürchtet sich im Dunkeln?" u. Ä. Wenn dabei herauskommt, dass der Opa gern am Kuchen nascht, sind die Kinder natürlich hell begeistert vom „Flaschendrehen"!

## Briefträgerspiel

Wir schreiben kleine Anweisungen und den Namen eines Mitspielers auf einen Zettel, mit den Buchstaben und Wörtern, die unsere Schulanfänger schon lesen können. Für jeden in der Spielrunde wird ein solcher „Brief" angefertigt; die Briefe verteilt dann eines der Kinder. Es erhält dazu eine Umhängetasche wie ein richtiger Briefträger.

Die Empfänger müssen nun die „Briefe" lesen und die kleinen Aufgaben erfüllen, zum Beispiel:

„Geh in die Küche und iss ein Stück Käse!" – „Mach gleich einen Purzelbaum!" – „Hüpf einmal im Zimmer herum und sing dazu!" – „Gib einem Mädchen in dieser Runde einen Kuss!"

Spielen Vorschulkinder mit, muss man ihnen den „Brief" vorlesen. Je ungewöhnlicher die Aufgaben sind, desto turbulenter gestaltet sich das Spiel.

Größere Kinder denken sich die Anweisungen natürlich selbst aus, die auch außerhalb des Raumes erfüllt werden können.

## Fang an – hör auf!

Kinder denken sich gern Geschichten aus. Manchmal brauchen sie dazu nur eine kleine Idee wie folgende. Es wird von zwei Brüdern erzählt, der eine heißt „Fang an“, der andere „Hör auf“. Ein Mitspieler ist der Erzähler, er beginnt mit der Geschichte. An einer Stelle sagt er: „... die Mutter rief einen der Brüder herbei. Wen rief sie?“
Antwortet ein Kind: „Hör auf“, so muss der Erzähler diese Geschichte beenden und neu beginnen. Sagt das Kind aber „Fang an“, kann an dieser Geschichte weitergesponnen werden. In der nächsten Runde könnte auch das Kind die Geschichte weiterführen, das „Fang an“ gerufen hat.

## Eine Riesen- oder eine Zwergengeschichte erzählen

Das Ausdenken ulkiger, fantasievoller Geschichten bereitet immer großen Spaß. Die besten könnte man auch einmal auf eine Kassette aufnehmen und später anderen Familienangehörigen vorspielen.
Einer beginnt eine Geschichte von Riesen zu erzählen, zum Beispiel: „Es war einmal ein Riese, der wohnte in einem riesengroßen Haus mit einer riesengroßen Frau. Weil er immer so mächtigen Hunger hatte, kochte die Frau ihm das Essen in einem riesengroßen Topf. Doch das reichte noch nicht, deshalb …“ Was dann geschah, erzählt ein anderer Mitspieler weiter.
In einer neuen Runde könnte ein Zwerg in einem Zwergenland eine Rolle spielen, vielleicht eine Menge falsch machen wie in einer Lügengeschichte. Spielen mehrere Kinder mit, sollte jeder einmal an die Reihe kommen und erzählen können.

## Wasser – Erde – Luft

Man gibt jedem Mitspieler den Namen eines Fisches, einer Blume und eines Vogels. Dann nennt der Spielführer den Namen eines Elementes: Wasser oder Erde oder Luft.
Sagt er zum Beispiel „Wasser" und wirft sein Tuch einem Kind zu, muss dieses schnell seinen Fischnamen rufen und kann dann das Spiel fortführen und ein anderes Element rufen. Wenn einer nicht aufpasst oder keine Antwort weiß, spielt der erste Spieler weiter.
Bei „Erde" müssen die Blumennamen, bei „Luft" die der Vögel genannt werden. Spielt man mit kleinen Kindern, die noch wenig Kenntnisse haben, nennt man eine Spielrunde lang nur ein Element und in der nächsten dann ein anderes.

## Welches Tier lebt wo?

Man kann das Spiel mit Wasser – Erde – Luft auch so spielen: Einer geht in die Mitte des Kreises, einen Plumpsack in der Hand, ruft „Wasser“ und wirft den Plumpsack einem Spieler zu. Dieser muss nun schnell ein Tier nennen, das im Wasser lebt, zum Beispiel „Krokodil“, und den Plumpsack zu einem anderen werfen. Fällt ihm so schnell aber nichts ein, so muss er sich selbst in die Mitte stellen. Ruft der Spielleiter jedoch „Feuer“, müssen sich alle schnell von ihren Plätzen erheben und auf einen anderen Stuhl setzen; auch der Spielleiter besetzt einen Stuhl. Wer übrig bleibt, geht in die Mitte.

## Alle Vögel fliegen hoch!

Alle Mitspieler legen die Hände flach auf den Tisch oder die Knie. Einer ist der Spielführer, der die Aufgaben nennt, möglichst in zügigem Tempo:

„Alle Vögel fliegen hoch!

Alle Tauben fliegen … Alle Hühner fliegen … Alle Enten fliegen … Alle Hunde fliegen … Alle Federn fliegen … Alle Schiffe fliegen …“

Bei „hoch“ hebt der Spielführer stets die Hände nach oben, auch wenn er ein nicht fliegendes Tier oder einen falschen Gegenstand nennt. Die Kinder dagegen dürfen die Hände nur hochheben, wenn wirklich etwas genannt wird, was fliegen kann. Wer einen Fehler macht, scheidet aus. Das Tempo des Spiels wird immer schneller. Wer zuletzt übrig bleibt, also keinen Fehler gemacht hat, wird neuer Ansager.

Eine andere Variante ist folgende: „Alles, was laufen kann, läuft, trab-trab …“ Bei „laufen“ wird nun mit den Füßen getrampelt. Dazu stehen am besten alle auf. Der Spielführer sagt zum Beispiel: Alle Hunde laufen, trab-trab; alle Tische laufen … Alle Nasen laufen … usw. Wer einen Fehler macht, muss sich setzen.

## Botanische Blindekuh

Dieses Spiel kann auf einer Wiese oder im Wald, wo duftende Gräser und Kräuter blühen, gespielt werden. Jeder steckt sich einen Pflanzenstängel an oder hält ihn in der Hand, zum Beispiel Kamille, Löwenzahn, Beifuß. Spielt man im Garten, nimmt man Gartenkräuter, die die Kinder kennen, wie Petersilie, Schnittlauch, Dill, Bohnenkraut, Kresse u. Ä.
Einer ist „Blindekuh“ und geht mit verbundenen Augen im Kreis herum. Er tippt eines der Kinder an, das ihm seinen Stängel zu riechen gibt. Kann die „Blindekuh“ diesen richtig benennen, so ist sie erlöst und ein anderer tritt an ihre Stelle.

## Brief abschicken

Ein Kind gibt einem anderen im Kreis einen Brief (Karte, auf die ein Briefumschlag geklebt ist) und sagt: „Mein Brief kommt aus Hannover!"
Der Empfänger muss schnell etwas über diese Stadt sagen, zum Beispiel: „In Hannover ist gerade Messe." Die anderen Kinder zählen inzwischen: „Eins, zwei, drei!" Hat der Empfänger keine Antwort, muss er ein Pfand geben. Dann schickt der Erste erneut einen „Brief" ab mit einer anderen Stadt usw.

## Wer kennt diese Stadt?

Einer beginnt, eine Geschichte zu erzählen, in der eine Stadt, ein Fluss, ein Gebirge oder ein Land eine Rolle spielt und beschrieben wird. In diese Geschichte können auch Ereignisse, Persönlichkeiten, Erlebnisse der Kinder eingeflochten werden. „Ich reiste neulich in eine schöne Stadt, da duftete es nach Lebkuchen (Nürnberg), niemand konnte so gut backen wie die Bäcker dort." – „In meiner Stadt, da trieb es ein Schalk ganz toll. Er tanzte auf einem Seil und warf die Schuhe der Leute durcheinander" (Eulenspiegel in Mölln).
Wer errät, wovon die Rede ist, darf die nächste Geschichte erzählen.

## Ich reise nach ...

Alle sitzen im Kreis. Einer wirft einem anderen Kind ein Tuch zu und sagt dabei: „Ich reise nach Dresden." Der Empfänger antwortet und ergänzt schnell: „... an der Elbe!" Dann wirft er das Tuch einem Dritten zu und dieser muss nun auf einer Landkarte (oder auf einem Geografie-Spiel) den genannten Ort, Fluss o. Ä. suchen. Die Suche darf nur so lange dauern, wie leise bis zehn gezählt wird. Wer das Reiseziel bis dahin nicht gefunden hat, bekommt einen Minuspunkt oder muss ein Pfand geben.
Es können auch berühmte Bauwerke als Ergänzung genannt werden oder Ereignisse oder Persönlichkeiten, die dort lebten.

## Lieder raten

Ein Mitspieler geht aus dem Zimmer; die anderen verabreden in der Zwischenzeit ein Lied, das alle gut singen können. Der Mitspieler wird hereingerufen und die anderen summen ihm das Lied vor. Hat er es erraten, geht ein anderes Kind aus dem Zimmer. Es sollte nur der Liedanfang gesummt werden.

## Mit wem wird telefoniert?

Die Oma anzurufen oder mit einer Freundin am Telefon zu schwatzen, das lernen die Kinder heutzutage schon sehr früh. Daraus kann man ein schönes Spiel machen – mit Hilfe eines Kindertelefons oder der Fantasie. Zwei Spielteilnehmer gehen abseits und denken sich zwei Personen aus, die sie darstellen wollen. Das können Personen sein, die möglichst alle im Spielkreis kennen: zwei anwesende Kinder, Verwandte wie Oma/Opa, Onkel/Tante oder Lehrer/Lehrerin, beliebte Film- oder Fernsehfiguren oder auch berühmte Persönlichkeiten aus der Geschichte. Danach kommen die beiden Spieler wieder in den Mitspielerkreis zurück und beginnen, miteinander zu telefonieren, jeweils in der Rolle der vorgestellten Person, ohne jedoch deren Namen zu nennen, aber mit Worten, Gesten und Tonfall, den diese benutzen.

„Hallo, hallo! Sag mal, haben heute alle Bäcker zu?“ – „Wieso fragen Sie?“ – „Hach, oh, oh, oh, ich habe nicht einen Keks mehr zu fressen!“ – „Aber mein Herr, seien Sie doch nicht so verfressen, das schickt sich nicht!“ (Krümelmonster und Tiffi.) Aus dem Gespräch müssen die anderen erraten, um wen es sich handelt, mit wem telefoniert wird. Wer das errät, darf in der nächsten Runde einen Partner suchen und mit ihm zwei neue Personen darstellen. Bei den Vorabsprachen sollten mit Hilfe eines Erwachsenen ganz typische Redewendungen, Gesten oder Ereignisse angedeutet werden, die man darstellen oder zur Rede bringen könnte, um die zu erratenden Personen zu charakterisieren, denn darin muss man erst etwas Übung haben.

## Kalender drucken

Dieses Spiel eignet sich gut für das Auslösen von Pfändern. Es ist besonders bei größeren Schulkindern beliebt und löst viel Heiterkeit aus.
Zwei Kinder, die ihr Pfand zurückhaben wollen, setzen oder stellen sich Rücken an Rücken. Ein weiteres Kind oder die ganze Spielrunde sagt nun laut die Monatsnamen auf: „Januar, Februar …“ bis Dezember. Bei jedem Monat müssen die beiden aneinander lehnenden Kinder nun mit dem Kopf nach der rechten oder nach der linken Seite schauen und nicken. Schauen sie in die gleiche Richtung, so ist ein Kuss fällig!
Begeistert zählen die Mitspieler die Übereinstimmungen und wachen über die Einlösung. Zuletzt erhält natürlich jeder sein Pfand zurück.

## Liederkette

Ein Kind sitzt in der Mitte und singt einen Liedanfang. Dann bricht es plötzlich ab. Von den Mitspielern muss nun ein neues Lied gefunden werden, das mit dem letzten Wort oder mit der letzten Silbe des abgebrochenen Liedes beginnt. Singt das erste Kind zum Beispiel „Das Wandern ist des Müllers Lust", kann das nächste Kind fortfahren „Lustig ist das Zigeunerleben …"
So entsteht eine schier endlose Liederkette, vorausgesetzt, die Kinder kennen viele Lieder.

## Lieder zeichnen

Einer der Mitspieler denkt sich ein bekanntes Lied aus und zeichnet dann ein Bildmotiv oder Figuren an die Tafel, die auf den Liedtext hinweisen. Die anderen müssen nun versuchen, das Lied zu erraten. Zum Beispiel: „Ein Schneemann, der davonläuft" (Winter ade) oder „Ein Junge sticht sich an einer Rose" (Sah ein Knab ein Röslein stehn). Wer ein Lied erraten konnte, darf das nächste Liedmotiv zeichnen.

## Liederpuzzle

Einer wird vor die Tür geschickt, die anderen vereinbaren ein sehr bekanntes Lied und verteilen die einzelnen Wörter des Titels oder des Liedanfangs in der Reihenfolge an die Mitspieler im Kreis. Das Kind wird hereingerufen und stellt reihum an jeden im Kreis Fragen. Jeder muss nun das Wort, das ihm zugeteilt wurde, in die Antwort einflechten und stark betonen. Die Antwort sollte kurz sein, damit das ratende Kind es nicht zu schwer hat. Beispiel:
„Was gefällt dir am besten?" – „Na, alle!"
„Was isst du gern?" – „Gebratene Vögel!"
„Wo wohnst du?" – „Wir sind schon da!"
Es können also auch mehrere Wörter an einen Mitspieler vergeben werden, damit das Lied erraten wird.

ENDE

## Verse

## Lieder



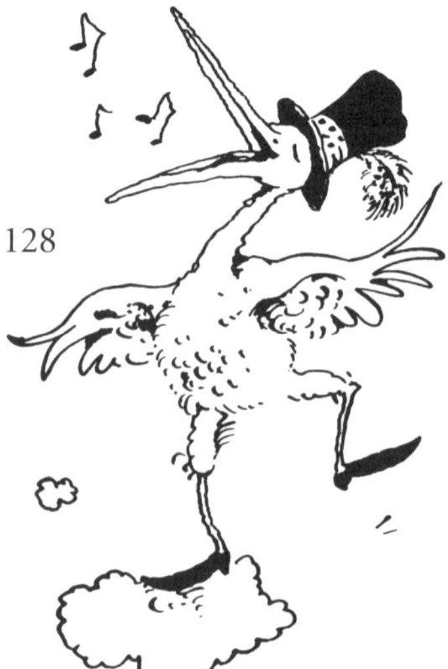

## Geschichten

## Spiele

## Quellennachweis

Dr. Hacks, Peter; Der Flohmarkt
daraus: „Die Katze wäscht den Omnibus“,
Gertraud Middelhauve Verlag, München, 1993

Lückert, Heinz-Rolf; Ich sammle Wörter
daraus: „Eletelefon“ von Laura E. Richards,
Gertraud Middelhauve Verlag, München, 1969

Wir danken den folgenden Autoren für die Abdruckgenehmigung ihrer Texte:
Dr. Arndt, Marga: „Die Einladung“, „Die Schnecke unterm Pilz“, „Die Blumenfrauen“, „Die seltsame Geschichte“
Borgmann, Ulf: „Es fliegen zehn Ziegen“
Hambach, Richard: „Das Schweinchen“, „Marienkäferlein“, „Bärchen“, „Schildkröte Apollonia“, „Ist das dein Hund“
Hinze, Eva: „Onkel Kullermann“
Dr. Jahn, Christiane: „Die vier Gesellen“
Könner, Alfred: „Dicki Nicki“, „Hopselied“
Retter, Joost: „Was fressen die Tiere“
Simmich, Erni: „Es wuchs einem Mann sein Bart“
Werner-Böhnke, Ursula: „Krikus-Krakus-Krokus“
Zamanduridis, Ursula: „Im Kindergarten“

Wir haben uns bemüht, alle Rechteinhaber ausfindig zu machen. Sollten wir eine Quelle nicht genannt haben, bitten wir die entsprechende Person, sich mit uns in Verbindung zu setzen.

# Weitere Bücher für Eltern und Erzieher

Bertrun Jeitner-Hartmann (Hrsg.)
**Das große Ravensburger Buch der Kinderbeschäftigung**
Das erfolgreiche Standardwerk in aktueller Überarbeitung. Durch die praktische Einteilung nach Altersgruppen sind die Beschäftigungsideen zu allen wichtigen Themen sofort verfügbar.
ISBN 3-473-**37351**-6

Johanna Friedl
**Spaß am Spielen und Lernen**
Die ersten Lebensjahre sind entscheidend für die Entwicklung des Kindes. Dieses Buch bietet über 200 Beschäftigungsideen, mit denen Kinder ab 3 Jahren spielerisch gefördert werden können.
ISBN 3-473-**37860**-7

**Erstes Malen und Basteln**
**Kreative Mal- und Bastelideen für Kinder ab 3 Jahren**
Schon die Allerkleinsten können in kindgerechten Arbeitsschritten verschiedene Mal- und Basteltechniken ausprobieren und kombinieren. Dabei werden sie spielerisch in die Themen Form, Farbe, Struktur, Punkt und Linie, Maße und Figuren eingeführt.
ISBN 3-473-**37000**-2

Ute und Tilman Michalski
**Das große Ravensburger Bastelbuch**
Über 90 einfallsreiche und fantasievolle Bastelideen für das ganze Jahr. Schritt-für-Schritt entstehen kleine Kunstwerke aus Papier, Pappe, Wachs, Ton, Holz, Blech, Draht, Stoff und Wolle.
ISBN 3-473-**37853**-4

**Gute Idee.** Ravensburger

Marga Arndt (Hrsg.)/Waltraut Singer (Hrsg.)
**Das ist der Daumen Knudeldick**
Eine umfassende Sammlung alter und neuer Fingerspiele für Kinder zwischen 1 und 6 Jahren, und dazu fast 200 bekannte und unbekannte Rätsel, die man mit Kindern ab 4 Jahren lösen kann.
ISBN 3-473-**37859**-3

Gisela Walter/Marlis Scharff-Kniemeyer
**Die schönsten Kinderlieder**
**Über 100 bekannte Lieder, die Kinder gerne singen**
Eine bunte Sammlung der bekanntesten und beliebtesten Kinderlieder. Zum Singen und Musizieren, zum Tanzen und Spielen.
ISBN 3-473-**37848**-8

M. Angels Comella
**Ravensburger Kindermalschule**
Diese große Kindermalschule führt anschaulich ein in das Malen mit Wachsfarben, Wasserfarben, Plakafarben, Bunt- und Filzstiften.
Eine Fülle von anregenden Bildbeispielen und fotografierte Schritt-für-Schritt-Anleitungen machen die Umsetzung ganz einfach.
ISBN 3-473-**37854**-2

Hermann Krekeler/Marlies Rieper-Bastian
**Spannende Experimente**
**Naturwissenschaft spielerisch erleben**
Über 60 tolle Experimente zum Staunen, Forschen und Entdecken. Spielerisch entdecken Kinder naturwissenschaftliche Zusammenhänge.
ISBN 3-473-**37348**-6

**Gute Idee.**

Ravensburger